鲍鹏山讲论语

青少年版（上）

鲍鹏山 著

U0870247

中国出版集团
東方出版中心

图书在版编目（CIP）数据

鲍鹏山讲论语：青少年版 / 鲍鹏山著. —上海：东方出版中心，2023.3
ISBN 978-7-5473-2164-5

Ⅰ. ①鲍… Ⅱ. ①鲍… Ⅲ. ①儒家 ②《论语》—青少年读物 Ⅳ. ①B222.2-49

中国国家版本馆 CIP 数据核字(2023)第 047752 号

鲍鹏山讲论语（青少年版）

著　　者　鲍鹏山
责任编辑　王欢欢
封面设计　赵　瑾
插　　画　王　磊

出版发行　东方出版中心有限公司
地　　址　上海市仙霞路 345 号
邮政编码　200336
电　　话　021-62417400
印 刷 者　上海丽佳制版印刷有限公司

开　　本　710mm×1000mm　1/16
印　　张　30
字　　数　286 千字
版　　次　2023 年 5 月第 1 版
印　　次　2023 年 5 月第 1 次印刷
定　　价　108.00 元（上下册）

序

鲍老师要出“讲《论语》”的青少年版了，他又做了件善事。

解读《论语》的书，从古到今，不计其数。但是，适合当今青少年阅读的，用通俗的语言，贴近当今学生生活的讲解，并不多见。这本书，填补了这个空缺。

鲍老师虽在大学任教，对基础教育却情有独钟。二十年前，我在复旦大学附属中学任教，就曾请他来作讲座，每次他都欣然前来。他从事传统经典的推介，已经二十多年了。在这漫长的教学过程中，不但培养了一批一批的学生，让他们熟悉经典，而且积累了丰富的教学经验。这本书便是他上课的实录。他不是按顺序，逐字逐句地诠释，而是娓娓道来，把深刻的道理，融会在某个关键词的解析和生动有趣的故事中，深入浅出，让小读者在轻松愉快的情境下，领略到经典的智慧，从内心被感染。

全书分三大部分：“《论语》和我们的学习”“《论语》和我们的生活”“《论语》和我们的气质”。这样的分类，简单明了，却抓住了学生生活的全部。

鲍老师用了整整七个讲座来讨论《论语》的第一章。他把《论语》的第一章，看作是学习《论语》的要领和突破口。对此，我与鲍老师很有同感。我曾开玩笑地把这一章说成是孔夫子在开学典礼上的讲话。

他把学习的目的、内容、要领，都作了最精炼的概括。《论语》后面所有的章节，都围绕着这一章展开，进行细致具体形象生动的阐述。真正读懂领会了这一章，学《论语》的目的也就达到了。

我曾经把这一章提炼为六个“力”：学习力、实践力、社交力、反省力、创造力和幸福力。教学的最终目的就是要让受教育者掌握这六个力。

1.“学”，就是“学习力”。这是成长的保证。人来到世界，从自然人变成社会人，就是一个不断学习的过程。一个不肯学习，不善学习的人，是很难成为真正的人。而更多的是学习间接知识，就是读书。鲍老师打通《论语》中有关“学”的论述，一层一层推进，几乎把所有关于“学”的方方面面的道理都讲明白了！

2.“习”，就是“实践力”。光学不行，还要付之实践。这就是王阳明倡导的“知行合一”。只“学”不做，等于不学。《说文解字》说：“习，数飞也。”习，不是一次就能完成，而需要多次的实践，不断地练习。鲍老师在他的著作中将“习”分出三个层次：记得，晓得，习得，并且用生动通俗的例子，分别对这三个“得”进行了仔细地分析。

3.“有朋自远方来”是指“社交力”。人在社会，不是孤立的存在，必须处理好人际关系，事情要大家一起做，快乐要大家一起享受。提高“社交能力”，就必须提高自己的修养，不断地反省自我。鲍老师说：朋友从远方来，其快乐还不仅在聚会时的互叙衷肠，还在于通过与朋友的交往，认识自己价值与德行。这个认识显然是非常深刻的。“四海之内皆兄弟”，能与朋友好，也就能与四海之内的一切陌生人好，这是何等崇高的境界，何等快乐的情景！

4.“人不知而不愠”是指“反省力”。“行有不得，反求诸己。”（《孟子·离娄上》）一个只知责人，不知责己的人，一个不知反省的人，不可能有人格魅力，同时也不可能有社交力。儒家强调“慎独”，不管有没有人监督，自己都能保持“君子之行”。鲍老师说道：不知不愠“是一种境界，一种修养。自己学问精深，道德深厚，志向远大，却无人了解”，还能保持心理的平衡，“有这种修养的人，岂不是真正的君子?”鲍老师着重指出：“这个世界本身就是一个可乐的世界，问题是我们有没有领受快乐的能力。”

5. 人们在读第一篇第一章时，往往不注意这个“时”字，其实这个“时”很要紧。“时”是指创新，是创造力。夫子“圣之时者也”《孟子·万章下》，就是说夫子是与时俱进的，跟着适应时代变化的！谁说中国文化只有保守的一面！夫子就是提倡创新精神的人！严复说：“非新无以为进，非旧无以为守！”守住“为人”的根本，守住“为人”的基本原则，不断根据时代的变迁而创新，而前进，这就是“时”的内涵。鲍老师把这层意思融入“三省吾身”等章节中，把自我反省与与时俱进联系起来了。他用商朝第一代天子成汤刻在洗澡盆上的《大学》里的句子“苟日新，日日新，又日新”来说明创新精神的重要，以及与自省的关系。实在是有独到见地的。

6.“悦、乐、君子”，指的就是幸福力。“做君子”是孔子最终的培养目标。做君子不是为了别人，而是为了自己！为了自己的终生快乐幸福！享受快乐幸福是需要素质与能力的。“君子坦荡荡，小人常戚戚”。《论语·述而》君子是仁者、智者、勇者，君子在任何时候都能感受到生命的愉悦！这一章通过三个“不亦”的反问，一再强调教育的最终目标是“快乐”，是“幸福”！鲍老师在文中写道：“孔子过得并不好。他的理想不能实现，生活常在漂泊，甚至，还常常被人误解”但总是“没心没肺似的快乐”，“几乎是无条件的快乐”，为什么？因为他老人家本身具备快乐的条件：“ 有一个目标让我们去追求，就会很快乐。”有了这样的素质，哪怕“一箪食，一瓢饮，在陋巷”《论语·雍也》，照样不改其乐。鲍老师在讲话中特别赞赏颜回，一再引用孔子评价颜回的那段话，说“快乐就是贤德，有德之人他就快乐”。这就是所谓的“幸福力”。

这六个力，看似简单，如上所说，却概括了夫子要说的全部内容。然而真正要理解，却不容易，为此，夫子通过日常的学习生活的点点滴滴，对学生进行灌输，解读，引导。这就是其后两百多章的内容。鲍老师在第二部分与第三部分，通过一个个案例，进行细细的分析讲解，娓娓道来，给读者明白的点拨。

这些道理，也许是极浅显但又是极其重要、极其深刻的！然而，我们的教育往往把这个“初心”忘了。

鲍老师的这本著作以及他多年来的努力，正是为了“不忘初心”“收拾旧山河”！

我相信，他的努力一定会在基础教育界，得到响应，他的努力是不会白费的！

是为序！

黄玉峰

2023. 4. 28

《论语》和我们的学习

目录

《论语》和我们的生活

《论语》和我们的学习

第一讲

如何读《论语》

大家好，我是鲍鹏山。

我们都知道，《论语》是中国传统文化典籍里面最重要的一部，而孔子是中华民族历史上最伟大的人物。

《论语》是我们每一个中国人都应该读的一本书，而且，最好是从小就把它读了，让它成为我们人生的一个基础。但是，《论语》有20篇，500多章，每一章都好像在讨论不同的问题。

《论语》这本书的核心价值是什么呢？读《论语》能获得什么呢？

在我看来，《论语》的核心价值可以总结为三个体系：知识体系、价值体系和文化体系。

◎ 密密麻麻的知识点

先说知识体系。《论语》里面包含着丰富的、密集的、精粹的文化知识。一部《论语》，15 929 多个字，竟然包含着300 多个成语，几百则终身可以引用的格言，这些成语、格言又包含了深刻的人生智慧。如果你能够熟记于心，就能在不知不觉中将其中隐含的品性内化为自己的内在品质。如果你能够随口说出来，就更能显示出你深厚的学养。

举一个例子，你在受到委屈的时候，大家可能会说，“你这次好委屈啊”。你淡淡地一笑，对别人说出一句：“人不知而不愠。”（《论语·学而》）哇，是不是显得你好有境界，好有修养呢？

《论语》里面还有丰富的文化历史知识。其中包括重要的文化历史人物、重要的历史名称、古代文化常识、历史知识等等。这种文化含量很高的知识体系，是对今天教材一个很好的补充。不读《论语》的孩子，和读《论语》的孩子相比，差距有多大，我不说，你想想就知道。

◎ 以直报怨，以德报德

再说价值体系。《论语》主要讨论一些价值问题，也就是在讨论一些是非、善恶、美丑的标准问题。读《论语》，我们能够获得一个价值判断的依据，并且《论语》还教给我们怎么去做判断。

举个例子。有人问孔子，“以德报怨，何如？”孔子先反问那个

人："何以报德？"然后，孔子给出了答案，"以直报怨，以德报德"。（《论语·宪问》）

我们先来看看"以德报怨"，可以吗？具体到某一个人，别人伤害了他，他不愿意去报复对方，甚至还愿意在对方碰到问题的时候去帮助他，那很好。但是，作为一个国家的道德体系，如果这样提倡会产生什么样的问题呢？会破坏人类道德体系的平衡，所以，孔子要反问，"何以报德"呢？如果一个人做了坏事，我们是以德报怨，那么，一个人做了好事怎么办呢？你也只能以德报德。

我们看看，如果出现以德报怨、以德报德的结果，那么，一个人不管是做好事还是做坏事，都有好报。这结果既不能够制止别人做坏事，也不能够鼓励好人做好事。

当这个问题被提出来以后，还有一个备选答案，这个备选答案就是"以怨报怨"。那么，能不能够"以怨报怨"呢？当然不能了，冤冤相报何时了？当一个社会提倡"以怨报怨"，就会导致好人堕落得跟坏人一样。

既然作为国家的道德体系，不能认可"以怨报怨"，也不能够提倡"以德报怨"，于是，孔子就提出了第三种选项，就是"以直报怨，以德报德"。对做好事的，以德报德，给予鼓励，这样就可以让更多的人做好事，而对于做坏事的，"以直报怨"——给他一个公正的对待。"直"是什么呢？直就是公正。对于做坏事的人，该受什么惩罚就给予什么惩罚，不特别宽恕他，也不刻意报复他，而是报之以公正。

这么简短的一段对话里，包含着如此丰富的价值判断的考量和取舍。《论语》这本书里几乎全是这样的价值判断题。

因此，读《论语》，获得的不仅仅是知识，更重要的是价值体系。然后，学会做价值判断，成熟心智、明辨是非，懂得善恶美丑，这样，你的一生进退就有了依据。

◎ 文化源代码

《论语》还有第三个体系，就是文化体系。

《论语》不是一般的传统文化经典，它是中国文化的元典。什么叫元典呢？元典就是一个民族文化的“源代码”。

读《论语》可以让人们对我们的民族文化产生认同感，当全国各地的人打开同一本书，开始读“子曰：学而时习之”的时候，他们心中也就有了一个共同的老师——孔子；他们的人生，也就有了一个共同的价值依据；他们的精神，就有了一个共同的皈依。这种强烈的文化认同，能够让中华民族凝聚起来。在漫长的历史里，维护中华民族统一的最核心的力量，就是文化的力量，而这个文化的最核心的人物就是孔子，最核心的一部经典就是《论语》。

所以，文化经典只是路径，读经典也只是手段。我们通过这个路径，走到哪里，通过这个手段，获得什么，这才是关键。我这门课讲完了，我不是要考孩子会不会背《论语》，我是要考他们会不会孝顺父母，个性有没有变得温良恭俭让，知不知道怎样去做价值判断，是不是认同并且热爱中国的文化。这才是我们的目标。

◎《论语》和我们

要达到这样的目标，这一门《论语》课怎么讲呢？我采用主题式的讲法，或者说是关键词的讲法。

我把《论语》里面最重要的几个主题提炼出来，分成四个模块：《论语》和我们的学习，《论语》和我们的生活，《论语》和我们的气质，《论语》和我们的人生。

这四个模块，包含了学习、快乐、孝顺、言行、自省、仁爱、正义、诚信等等。这些都是《论语》中的关键词，它同时也是一个人人生中的关键词。能抓住这些关键词，我们不光掌握了《论语》的关键，实际上也掌握了人生的关键。未来的人生，可以有一个很好的把握，也会因有所成就而幸福快乐。

《论语》是一本读不完，也讲不完的书，《论语》也是人一生中值得读好多次的书。那么，我希望这一次我们一起读《论语》，希望这一次能够成为你的孩子，也成为你们全家人非常重要、非常有收获的一次。

《论语》就是孔子在说话，在对我们说话，孔子说话，叫“子曰”，“子曰”曰出的是一个民族的文化源流，源远流长。下一集，我们就来讲讲“子曰”这两个特别神秘、特别崇高、特别伟大的字。

第二讲 “子曰”里的大学问

大家好，我是鲍鹏山。这节课，咱们就正式开始读《论语》了。

◎《论语》的诞生

曾经，有一个小学三年级的小朋友问过我一个问题：“老师啊，为什么《论语》面记载孔子说话的时候，有些地方叫‘子曰’，但是另外一些地方叫‘孔子曰’呢?”这个小朋友太善于发现问题了。

他发现的是一个非常重大的问题，这个问题就是《论语》的编者，不是同一个身份的人。我这么说是什么意思呢?

因为“子曰”翻译过来就是“老师说”，所以凡是记“子曰”，一定是孔子自己的弟子了。凡是记成“孔子曰”的，也就是说记成“孔老师说”的，有可能是孔子弟子的弟子。为什么呢?因为孔子不是他的直接老师，如果也记成了“子曰”，那就有一点托大了。

大家可能又要问了，《论语》的编者，为什么既有孔子的弟子，又有弟子的弟子呢？这就得跟大家说一说《论语》是怎么编的了。

孔子去世以后，孔子的一帮弟子在他的墓前为他守丧三年。在这三年里，他们能干的事就是回忆、体会、交流、讨论老师曾经对他们说过的话。后来他们自然也就想到了，老师的这些话这么有教育意义，为什么不把它记录下来，传之后世，让子子孙孙、千秋万代的人都能得到孔子的教导呢？这就萌生了《论语》最初的资料收集和编辑的想法。

《论语》的“论”，就是这一帮弟子们在回忆，在怀念，在一起切磋、揣摩、交流和感悟，而“语”，就是指孔子说过的话。不过，在这守丧的三年里，《论语》并没有能完全形成我们今天看到的这个样子，《论语》的编辑成书是一个很长的过程，所以，《论语》的编者除了孔子直接的弟子，还有孔子弟子的弟子。《论语》里面也不全是孔子讲的话，还有不少是他弟子们讲的话。

◎“理想书”

那么，在《论语》这本书里面，孔子到底说了些什么呢？

孔子主要说了三点：第一，孔子告诉我们什么样的社会是理想的社会；第二，孔子告诉我们什么样的政治是理想的政治；第三，孔子告诉我们什么样的人是理想的人。

大家想一想，理想的人活在理想的社会，拥有理想的政治，真是一个理想的人生。所以，《论语》是一部关于理想的书，一部关于“人生理想”或者“理想人生”的书。

我想，大家在上我们这个课之前，多少也知道一些《论语》里面的句子，它们都言简意赅，对吧？

就拿《论语》一开篇的两个字“子曰”来说，别看只有这两个字，那里面可真是大有学问。

首先，我们来说一说“子”。

“子”是什么？“子”是古代对有学问、有道德、有修养的人的尊称。《论语》中单独用“子”的时候就特指孔子。如果指其他人呢？就在“子”的前面加上姓，比如说“曾子”“有子”等等。

那大家要问了，你不是刚刚说了吗，“子”是泛指一切有学问、有道德的人，怎么变成孔子的专享用语了？没办法，这是《论语》自己定的规矩。这规矩定下来了，后人也都认了。孔子的话就叫“子曰”，别人的话就不可以叫“子曰”，后来，就有了一个成语，“子曰诗云”。

“诗云”的“诗”，指的是《诗经》。我们经常说“四书五经”，《诗经》就是“五经”中的第一经。“子曰诗云”翻译过来就是孔子曰、诗经云。这个成语可厉害了，孔子说的，《诗经》写的都是最权威的意见。“子曰诗云”一出来，天下之人都得闭嘴。

所以，我们为什么要读《论语》，要读那么多的“子曰”啊？就是为了将来为人处世，有一个立身的依据；说话写文章，有一个立论的依据；判断做选择，有一个价值的依据！

你说话，先来一个“子曰”，别人立马就表示服了！

但是《论语》有20篇，每篇有若干章，全书有500多章。这500多章，并不都是“子曰”，也有一些章是孔子的弟子曰。

所以，《论语》是一部什么样的书呢？我来做一个结论。这个结论是：《论语》是一部记录孔子及其弟子言行的语录体著作。

如果你不知道这一点，你就可能觉得，“《论语》好怪，怎么一开头，没头没脑的，就直接是‘子曰’呢？怎么孔子一见面突然就说话了呢？”

其实，这是《论语》的文体决定的。

《论语》的文体是语录体。语录语录，就是记下只言片语，作为教诲。

◎书于竹简

大家可能又要问了，为什么不记详细一些呢？

这不仅仅是文体的问题了，而且是文字载体的问题了。

举个例子，多年以前，我是在稿纸上写作，那时候就老是想着要省稿纸。为什么呢？稿纸要花钱买啊。

可是现在呢？我在电脑上写作，我还会想着去节省版面吗？不想了。

我们再想一想，在纸张发明之前，孔子的弟子们在记录孔子言论的时候，记在哪里呢？

记在竹简上。把竹子破开，做成竹简，那个时候，竹子倒是不缺，也不贵，但是要把竹子变成竹简，需要人工，人工是要花钱的。

竹简的制作很不容易，要选上等青竹，削成长方形的竹片。竹子的表面还往往有一层竹青，含有水分，那就不容易刻字了，还容易生虫和腐朽。所以，还得把竹简放到火上烤，人们把火烤的工序叫作“杀青”，也叫“汗青”，汗青一词指代历史，而历史是记载在竹简上的。经火烤处理的竹简比较干燥，才适合书写。

大家想一想，制作竹简如此费劲，用竹简来写书的人，就一定会想着节省竹简！

还有，那个时候的书写也不像我们今天这么容易。那时候还没有橡皮擦，写错了，还要用一种特殊的刀子，把写错的字刮去，再重写！

甚至，还有一种说法：清沈涛《交翠轩笔记·卷一》：“古人刀以书竹简，笔以书缣帛，刀笔自是二物。”意思是，在竹简上写字，就是用刀子刻！所以，又有了一个词：刀笔。掌文案的官吏，就叫刀笔吏！

你看，既然那么费力，那时候写文章的人，一定想着尽量写短点，写少点，省一点力啊！

还有，写成以后，一片一片的竹简串起来，然后卷成一捆，那有多厚？今天我们随便一本书啊，就算 300 页吧，每一页的内容写到竹简上，就算十片竹简吧，那么 300 页的纸书，换成厚厚的竹简书，就得 3 000 片竹简，你想一想，那得多大的体积和重量啊！

所以，古代的书，是一册一册的、一卷一卷的。把书打开看，是一片一片竹简串起来的册，你看这个“册”字，是不是很像绳子串起的两片竹简？要把书收起来，就得一卷一卷地捆扎起来。所以，我们今天的书是论本的，而古代的书，是论册、论卷的。

这样的书，带着上路，得放在牛车上拉。放在家里，为了防潮，也得放在房梁上。

家里藏书多的人，出门带的书多，牛都拉不动，把牛都累得出汗；家里放得多，房梁上都塞满了。

我讲到这里，大家可能就会想起一个成语了。对了，这个成语叫“汗牛充栋”！这个“栋”，指的就是房梁。这个成语，就是形容书很多很多。

这样的读书人，读书多，怎么计算？按拉书的牛车计算，叫“学富五车”，其实不多，五车竹简，放在今天，也就十几二十万字吧。

读书以后，人们还得写书，古人写书，也写在竹简上，写得多，摞起来很高，和自己的身高一样高，就有了另外一个成语了，叫“著作等身”，其实也不多。今天我写书，是一页一页的纸堆起来，堆到自己的身高，太不容易了；可是古代，是一堆竹简，要堆到自己的身高，好像也没那么难！

再给你讲个有趣的故事。

《史记·秦始皇本纪》中记载：“天下之事，无大小皆决于上。上至以衡石量书，日夜有呈，不中呈不得休息。”——“衡”是秤，“石”是秤砣，意思是，秦始皇每天看奏折，是按照重量来计算的。

你看可笑不可笑。

还有一种说法，“石”为百二十斤，秦始皇每天看奏折（竹简）一百二十斤，处理不完不睡觉。

说明什么？你可能会说，说明秦始皇勤政为民。

但是，《史记》里记录的这句话，是两个方术之士（侯生和卢生）说的，他们本来是帮着秦始皇长生不老的，但后来后悔了。为什么呢？他们在这段话最后，还有一句：“贪于权势至如此，未可为求仙药。”秦始皇这样事必躬亲，其实是舍不得放权，事事都要自己做主。这个家伙如此贪权集权，别人可不愿意帮他求长生不死的仙药，他要再活五百年，老百姓怎么活啊！

说了这么多，就是为了让大家了解《论语》编辑成书时候的大环境。当然了，顺便我也给大家讲了几个相关的成语和文化知识。在之后的课程里，我也会像这样，一边讲《论语》，一边顺便补充一些传统文化的常识。

现在大家已经知道了，为了节省竹简，也为了节省力气，《论语》采用了语录体，记下了孔子及其弟子的只言片语。

可是大家还要知道另一件事，这对你们读《论语》也很重要。不管是“子曰”，还是“有子曰”“曾子曰”，其他的什么人曰，实际上都有一个对话的环境，不是一个人在那里没头没脑地曰，他们曰的时候一定是对着别人曰，只不过为了简省记录的工作量和竹简，记录者就把这些情境都省去了。我们读《论语》的时候，要把这些对话的情境脑补出来。

如果你们不了解这一点，打开《论语》，满篇都是“子曰”，就好像是孔老夫子一个人在那里念念有词，这想想都很吓人。

我们已经知道了，《论语》里记载的大多数是孔子的话。孔子一辈子也说了很多话，那么，《论语》把孔子的哪一句话放在开头呢？

1.1　子曰：“学而时习之，不亦说乎？有朋自远方来，不亦乐乎？人不知而不愠，不亦君子乎？”（《论语·学而》）

大家有没有注意，“子曰”后面第一个字是什么？

是“学”！“学习”的“学”。

不仅第一个字是“学”，《论语》的全书总共出现了65个“学”字。所以，我说《论语》把“学”作为全书的第一个关键字。为什么呢？很简单，因为我们所有人的人生的第一个关键字，就是“学”！接下来，我们就要进入《论语》里一个特别重要的学习主题：学习。我们应该怎么学习，怎么实践，怎么从学习中找到快乐、快乐地学习呢？我们下一讲再说。

第三讲 学而时习之

上一讲，我们讲了《论语》的开头是“子曰”，也就是说，从孔子张口说话，《论语》就开始了。

◎苦思冥想出学问？

《论语》里面记载的大多数都是孔子的话。孔子一辈子也说了很多很多的话，那么，《论语》把孔子哪一句话放在开头呢？是这么一句话：

1.1　子曰：“学而时习之，不亦说乎？有朋自远方来，不亦乐乎？人不知而不愠，不亦君子乎？”（《论语·学而》）

注意，这一章放在《论语》开篇，所以我们看看，《论语》的第一章很有意思，“子曰”后面的第一个字是什么？是“学”！

这也是《论语》里面的第一个字！

这也是孔子之所以成为孔子，成为圣人的第一个字！

孔子自己曾经做过这样的试验：他自己整天不吃饭，整夜不睡觉，就一个人在那里苦思冥想。他要看看自己能想出什么来。

最后他发现，当自己不依靠别人，也不去读书，只是靠自己一个人冥思苦想的时候，他除了把自己想得脑子疼，啥也没想出来。

相反，如果去学习，就会发现，很多东西，前人其实已经有了答案。后人可以瞬间就据为己有。

所以，他后来很认真地对他的学生们说："我曾经整天不吃饭，整夜不睡觉，苦思冥想，对自己的知识没有什么进益，不如去学习。"

这就是《论语》的第15.31章里面讲到的：

子曰："吾尝终日不食，终夜不寝，以思，无益，不如学也。"（《论语·卫灵公》）

很多东西，不是我们凭空能想出来的，是学到的。但是有一个问题，这个世界上，总有一些人不愿意学习。

◎他不愿变好

在16.9章里面，有这样的一个记载：

孔子曰："生而知之者，上也；学而知之者，次也；困而学之，又其次也；困而不学，民斯为下矣。"（《论语·季氏》）

在这一段话里，孔子实际上讲到了四种人。第一种人，"生而知之者"，他认为这是上上之人，但是，他没有见过这一类人，他自己都不是这样的人。

实际上，只有后面的三种人：第一种，知道学习的重要，主动去学习的人；第二种，在实践中遇到不能解决的问题，然后被迫再去学习的人；第三种，不懂又不愿意去学的人。

我们看看后面三种中的前两者，他们学习的态度是不一样的，一个是主动学习，一个是被动地、被迫地学习。但是不管怎么说，他们最终都学了，所以，结果也是一样的：都通过“学”，到达了“知”。

第三种人，不懂又不学的人，会怎么样呢？永远也没有希望了。

现在人们都说，人是平等的，没有高低贵贱之别。但是这个说法实际上是有问题的。从权利的角度来说，人确实没有高低贵贱之别，但是从能力的角度来说，还是有高低贵贱之别的。

这种差别，不是来自血缘，不是来自出身，而是来自自身的修为。高低是能力的高低，贵贱是品行的贵贱。

本来都是生而为人，为什么差距那么大呢？

在《论语》里面记载了孔子的两次感慨，这就是17.2和17.3里面所记载的：

17.2　子曰：“性相近也，习相远也。”（《论语·阳货》）

17.3　子曰：“唯上知与下愚不移。”（《论语·阳货》）

孔子说：“人性是相近的，人一生下来，是没有什么不同的，但是不同的环境与后天的学习，又使得人有了很大的差距了。”“只有上等智慧的人和下等愚笨的人的本性是不能改变的。”

为什么本性是能改变的，又是不能够改变的呢？

为什么上等智慧的人，本性是不能改变的，下等愚笨的人的本性也是不能改变的呢？

因为上等智慧的人，不用别人去督促他，他自己就会去学习，而下等愚笨的人，别人即使去督促他，他也不愿意去学习。所以，这个“上知与下愚不移”的“移”，明代的思想家王阳明曾经做过这样的解释，他说不是不可移，只是不肯移。意思就是说，很多人不是不能够变好，而是他不愿意变好。

◎ 两小儿辩日

我来讲一个《列子·汤问》里的故事吧。

这个故事是这样说的：孔子到东方去游历，见到两个小孩在争辩，孔子便走上前去问：“你们在争辩什么呢？”

其中一个小孩说：“我认为，太阳刚出来的时候，离人近一些，而到中午的时候，太阳就离我们更远一些了。”

可是另一个小孩，却认为太阳刚出来的时候离人远些，到了中午的时候呢，反而离人近一些。

第一个孩子的理由是什么呢？他说：“太阳刚出来的时候像车盖一样大，等到中午的时候就小得像一个盘子，你看，这不就是远处的东西看着小，而近处的看着大吗？所以，早晨离我们近，中午离我们远。”

而另一个孩子说：“太阳刚出来的时候有清凉的感觉，到了中午的时候呢，就热得像热水一样，这不是离我们近的时候感觉到热，离

我们远的时候感觉到凉吗？所以应该是太阳早晨离我们远，而中午离我们近。”

两个孩子说的都很有道理，孔子还真的一时不能够判断到底谁对谁错了。

这两个小孩子看着孔子，笑着说：“不是听说您老人家是圣人吗？不是说您的知识很渊博吗？您怎么也不能够回答出这样的问题呢？”

> 孔子东游，见两小儿辩斗，问其故。
>
> 一儿曰：“我以日始出时去人近，而日中时远也。”
>
> 一儿以日初出远，而日中时近也。
>
> 一儿曰：“日初出大如车盖，及日中则如盘盂，此不为远者小而近者大乎？”
>
> 一儿曰：“日初出沧沧凉凉，及其日中如探汤，此不为近者热而远者凉乎？”
>
> 孔子不能决也。
>
> 两小儿笑曰：“孰为汝多知乎！”

在这个故事里面，孔子也有回答不出来的问题啊！

不学习，连两个孩子也“对付”不了啊！

◎ 穷孩子当家早

当然，我们学习，也不是为了应对别人。生活本身就会逼着我们好好学习。

孔子晚年，吴国的一个人，名叫太宰嚭，有一次问孔子的弟子子贡，说："你的老师孔老先生是一个圣人吧？他怎么这样的多才多艺呢？"

子贡自豪地说："我的老师啊，是天纵之圣，而且又是多才多艺！"天纵之圣，意思是老天让他生下来就是圣人。

这个故事，就是《论语》中的第9.6章：

太宰问于子贡曰："夫子圣者与？何其多能也？"子贡曰："固天纵之将圣，又多能也。"子闻之，曰："太宰知我乎？吾少也贱，故多能鄙事。君子多乎哉，不多也。"（《论语·子罕》）

你看，当孔子从子贡那里，听说太宰嚭这样来表扬他的时候，他是什么样的反应呢？孔子是泪流满面啊！

"太宰知我乎？吾少也贱，故多能鄙事。君子多乎哉，不多也。"这个意思就是说："傻小子，我哪里是什么天纵之圣啊！我只是因为少年时候贫贱，没办法，为了活命，才学会许多下层人的技艺。像太宰嚭那样出身在贵族之家的人，他们养尊处优，衣来伸手，饭来张口，他们会有那么多的技艺吗？不会。"

孔子童年的生活，比我们今天的小朋友们艰苦多了。他三岁就失去了父亲，并且家里面不但没有财产，反而有一大家子的负担，为了活下去，孔子的母亲带着孔子离开了大家庭，孤儿寡母，住到了曲阜城，在一条叫阙里的小巷艰难谋生。

这个时候，孔子要学什么呢？学生活自理！学一些手艺，帮助母亲贴补家用！

因为孔子很早就能生活自理，所以他动手能力很强；因为他很早就帮助母亲挣钱养活自己，所以，他多才多艺。

孔子有一个学生，叫琴牢，有一次对别人说：“我老师说过这样的话，‘我年轻的时候没有工作，所以，为了谋生，我就学会了多种技艺’。”

这是《论语》的9.7章里记载：

牢曰：“子云，‘吾不试，故艺。’”（《论语·子罕》）

琴牢在和别人转述他老师话的时候，我想，想起他老师童年的辛苦，他也是泪流满面吧？心想：“我的老师，那是苦出身啊！是穷人家的孩子啊！”

◎教育从娃娃抓起

当然，孔子不会仅仅为了谋生而学习，他还要学文化。

汉朝的司马迁写《史记》的时候，曾经亲自到孔子的故乡鲁国曲阜去考察。他访问了当地很多的老乡，让他们谈一谈孔子的情况。当地的老乡就告诉司马迁，孔子从小就对文化显示了浓厚的兴趣。他童年最喜欢过家家，摆放了好多的礼器，学着大人的样子，像模像样地在那里面祭拜。

> 孔子为儿嬉戏，常陈俎豆，设礼容。（《史记·孔子世家》）

什么是礼器呢？礼器就是中国古代的贵族在举行祭祀、丧葬等等礼仪活动的时候，所使用的器物。

清朝有一个叫郑环的学者，在《孔子世家考》里面，也说过类似的这样的话，他说："圣母豫市礼器，以供嬉戏。"

这一句话的意思是，孔子的母亲给孩子（孔子）买玩具，买的就是礼器，让他玩，实际上是让他一边玩，一边学。

那么为什么孔子的母亲给他买的玩具是礼器，而不是其他玩具呢？

因为礼，是那个时候的一门大学问！礼里面是有文化的。

孔子时代的学问，包含六个方面，这六个方面叫：礼、乐、射、御、书、数。

礼，就是各种礼节、礼数和礼仪，你可以把它理解为各种规矩和行为规范。一个人的行为举止不规范、不文明，哪里能算是成人呢？所以，孔子说：

不学礼，无以立。（《论语·季氏》）

这一句话，记载在《论语》的第16.13里。所以，孔子的母亲买礼器让孔子做玩具，实际上哪里只是玩具呢？是让他边玩边学，早日成人。

我们总结一下，这一节课我们讲了孔子成为圣人的秘诀，那就是《论语》中的第一个字，"学"！

实际上，《论语》里面不仅第一个字是"学"，《论语》的全书总共出现了65次"学"字。所以，我们把"学"，当成《论语》的第一个关键字。

人生的第一个关键字，也就是“学”！

下一节课，我们来讲一讲孔子好学的故事。孔子不仅能从有一技之长的人那里学习，也能够从不贤不善的人那里学习。你可能觉得有点奇怪，从不贤德、不善良的人身上还能学到什么呢？我们下一节课再说。

第四讲 圣人绝学

大家好，我是鲍鹏山，我们一起接着读《论语》。

在上一讲，我们讲到《论语》的第一关键字，就是“学”。孔子因为好学，所以他成了圣人！

◎ 通往圣人之路

“学”对人生很重要，是人生最关键的一个字，可是，如果你不好学，不喜欢这个关键的字，不就白搭了吗？

孔子自己曾经很谦虚地评价自己，他说，“我其实也并没有更多的其他优点，我唯一的优点就是好学”。

这就是 7.34 这一章：

子曰：“若圣与仁，则吾岂敢？抑为之不厌，诲人不倦，则可谓

云尔已矣。”公西华曰：“正唯弟子不能学也。”（《论语·述而》）

这一章，实际上记载了孔子和他的弟子公西华的一次聊天。

这一天，孔子和他的弟子公西华一起聊天。公西华表示很崇拜自己的老师，说自己的老师是一个满怀仁慈之心的圣人，孔子一听，就说：“讲到‘圣’与‘仁’，我怎么敢当？我只不过是努力修养而不疲倦，教育别人而不厌倦，仅仅可以这样说罢了。”

公西华听了，泪流满面地说：“老师，您讲到的这两句话，‘为之不厌，诲人不倦’，正是弟子们学不来的呀！”

公西华的意思是，一个人如果能够做到“为之不厌，诲人不倦”，就已经是圣人和仁人了！

学而不厌的人，最终会成圣人。诲人不倦的人，如此大爱，其实已经就是仁人了！

同样，在第七篇的第二章，孔子也有类似的话：

7.2　子曰：“默而识之，学而不厌，诲人不倦，何有于我哉？”（《论语·述而》）

孔子的意思是：“默默地记住所见、所闻、所学的知识，终身学习而永远都不满足，教导别人也不知道倦怠，这三方面，对我算什么困难呢？”

但是我们要说，这种对于孔子很简单的事，对大多数人来说，恰恰是很难的。

孔子还说过这样的话：在人群里面，要找到忠厚的人很容易，但是要找到好学的人，就不容易了。

这就是 5. 28 章的内容：

子曰：“十室之邑，必有忠信如丘焉，不如丘之好学也。”（《论语·公冶长》）

大意为：“十户人家的小村落，一定有像我一样忠厚诚信的人，但是，很难找到像我这样好学的人啊!”

满大街熙熙攘攘的人，忠厚朴实的人多的是，但是好学的人，真是不多！而孔子，就是这不多的人中的一个。

孔子由凡人成为圣人，秘诀是什么？就是这两个字：好学。

◎敏而好学

从相关的记载里面，我们知道，孔子早慧、早熟，具有极高的智商。但是，仅有智商是不行的。

在卫国，有一个执政的大臣叫孔圉，他死后卫国给他的谥号叫“文”，所以，人称“孔文子”。

这地方我先解释下，什么叫谥号？

在古代，帝王、贵族、大臣死后，朝廷会根据他生前的品德、事迹，对他进行表扬或者批评，为了表示这种表扬或批评就给他一个称号，这个称号就叫作谥号。

孔圉的谥号叫作“文”。“文”，在古代是一个评价很高的谥号了。

所以，子贡有一次就问老师：

5.15　子贡曰："孔文子何以谓之文也？"子曰："敏而好学，不耻下问，是以谓之文也。"（《论语·公冶长》）

子贡问老师："孔文子这样的人，怎么会有'文'这么好的一个谥号呢？"孔子说："他这个人，聪明而又爱好学习，向下面的人请教，而且不以为耻，所以，给他'文'这个谥号，还是比较恰当的。"

一般而言，聪明的人往往不够刻苦；地位高的人，又大多数以向地位低的人请教为耻，所以，能够做到聪明而又好学，位高而又不耻下问，确实是比较难的，这就是孔文子为什么能够得到"文"这个谥号的原因。

"敏而好学"，孔子本人实际上早就做到了。

我们来看一看他的虚心求学，3.15 有这么一章记载：

子入太庙，每事问。或曰："孰谓鄹人之子知礼乎？入太庙，每事问。"子闻之，曰："是礼也。"（《论语·八佾》）

这一章讲的事是，孔子进入太庙。什么是太庙呢？古代开国的君主叫太祖，太祖的庙就叫太庙。鲁国最初受封的君主是周公姬旦，鲁国的太庙，也就是周公庙。周公庙现在在山东曲阜，大家到曲阜可以去拜谒一下。

孔子进入太庙以后，协助在太庙里面举行祭祀的礼仪，但是他每一件事情，都要向别人再问一遍。

有人把这一切看在眼里，然后出来就说了："谁说鄹人叔梁纥的儿子懂礼呢？到了周公庙以后，他每件事情都要去问别人。""鄹人”，指的就是孔子的父亲叔梁纥，鄹人之子，当然说的就是孔子。他的意思是，“孔子这个人，别人都说他有学问，懂礼仪，可是我怎么看他到了周公庙，协助礼仪的时候，每一件事情都要向别人讨教呢?”

孔子听到这句话以后，就说：“在太庙，协助礼仪的时候，每件事情都要再问一遍，以免疏漏，这正是礼的规定!”

岂止是在太庙这样严肃的场所孔子要请教相关的专家，就是在私下的交往中，看到有人有一技之长，孔子也一定不会放过向他学习的机会。

◎ 弹曲识人

7.32 记载了孔子有这样的一个特点：

子与人歌而善，必使反之，而后和之。（**《论语·述而》**）

什么意思呢？就是说，孔子同别人一起唱歌，如果认为那个人唱得好，孔子一定会拉住他，说“你别走，你再给我唱一遍”，然后，就自己跟着他一起学着唱。

讲到学唱歌，我再讲一个孔子学弹琴的故事。

这个故事是《史记·孔子世家》记载的：孔子向乐师襄子学习弹奏一支琴曲，学了十几天了，仍然在弹那支曲子。乐师襄子就说了：“孔先生，你可以增加学习的内容，弹另外的曲子了，这支曲子，你已经弹得很好了。”孔子说：“对这支曲子，我确实已经熟悉了它的曲调，但是我还没有体会到这支曲子的立意。所以我还得继续弹。”

这样又弹了一段时间，襄子说："我感觉到，孔先生你已经体会到这支曲子的立意了，你可以继续往下面学了。把这支曲子丢开吧，可以了。"但是孔子说："我确实也知道它的立意了，可是我还没有领会到这支曲子里所体现的情怀。"于是孔子又坚持弹了一段时间，襄子又说了："你现在已经弹出它的情怀了，可以丢开了，继续学其他的曲子了。"

可是孔子还是不放弃，孔子说："我虽然知道它的立意，也知道它的情怀了，可是，我还不能够感知到这支曲子作者的人格魅力啊。"

于是孔子又继续弹奏这支曲子，又弹了一段时间，最后，孔子说："我现在感知到了，这个人，是思虑深沉、庄严肃穆的，是高瞻远瞩、心旷神怡的，是志向远大的。"

孔子从音乐中抬起头来，眺望远方，好像看到了那个作曲的人，他说："我知道作曲者是谁了，这个人皮肤黯黑，体形颀长清瘦，眼神深邃忧伤，好像在关爱着天下四方。除了周文王，还有谁能有这样的气质呢！"

乐师襄子一听，赶紧离开坐席连行两次拜礼，说："孔先生啊，我老师教我这支曲子的时候，确实告诉过我，这个乐曲的名字就叫《文王操》。"

孔子学鼓琴师襄子，十日不进。师襄子曰："可以益矣。"孔子曰："丘已习其曲矣，未得其数也。"有间，曰："已习其数，可以益矣。"孔子曰："丘未得其志也。"有间，曰："已习其志，可以益矣。"孔子曰："丘未得其为人也。"

有间，有所穆然深思焉，有所怡然高望而远志焉。曰：“丘得其为人，黯然而黑，几然而长，眼如望羊，如王四国，非文王其谁能为此也！”师襄子辟席再拜，曰：“师盖云《文王操》也。”

你看，孔子弹琴，最终在琴曲里面，他能够听到、看到一个人的情怀，甚至能够看到一个人的形象。

◎三人行，必有我师

孔子岂止是向有一技之长的人“不耻下问”，就是不如自己的人，甚至是从不善、不贤之人那里，孔子也能学习到东西。那是怎么学的呢？从他们的不足中，反观自己。

在7.22章里面，孔子是这么说的：

子曰：“三人行，必有我师焉。择其善者而从之，其不善者而改之。”（《论语·述而》）

4.17章里面，有这样的一个记载：

子曰：“见贤思齐焉，见不贤而内自省也。”（《论语·里仁》）

你看这两章，向比我们强的人学习，这是常人能够理解的，但是孔子这里又提出了另外一种学习方法：“从不贤、不善的人那里，反观自身，看看这些人身上的缺点和毛病，我自己身上有没有。如果也有，那就赶紧改掉。”

老子曾经说过这样的一句话，他说：“善人者，不善人之师；

不善人者，善人之资。”（《道德经》）意思是：“善人，是不善人的老师。但是不善人也有他的用处，那就是不善人，是善人的一面镜子，我们在镜子里面，可以看到自己的不足。”

这节课，我们讲了孔子虚心求学的故事。他从有一技之长的人身上学习，也从不贤、不善的人那里学习，反观自身。下一节课，我们讲论语的第二个字，“习”。可是为什么要把这个“习”字单独拆开来说呢？下一节课，你就知道了。

第五讲 知行合一

大家好，我是鲍鹏山，我们一起接着读《论语》。

我们前面两讲，实际上都在讲《论语》第一个关键字：学。

◎让鸟飞起来

那么，《论语》的第二个关键字应该是哪个字呢？那就是“学而时习之”里面的“习”。

想必大家也注意到了，“学而时习之”中的“学”字后面，马上跟了一个“习”字，这就是我们今天“学习”一词的来源！

但是，很明显，学和习在这个地方，它们两者的意思是有区别的。搞清楚这个区别，你才能更好地理解“学习”这个词。

繁体字的“習”字，上面是一个羽毛的羽，下面是一个“白色”

的白，意思是鸟张开了翅膀，在练习飞翔。

飞翔，当然有它的原理，但是，我们来想象一下，如果我们只懂得飞翔的原理会怎样呢？鸟妈妈在家里开一个课堂，搞一个黑板，搞一台电脑，做一些动画，小鸟们都安安静静坐在下面，听鸟妈妈讲飞翔的原理，记住了这些原理，然后，鸟妈妈发一张试卷，小鸟拿起笔，把它记住的关于飞翔的理论与技巧，完美地回答在试卷上，鸟妈妈批改试卷，发现小鸟的回答完全正确，小鸟得到了100分！那么我要问你了，得了100分的小鸟，它学会飞翔了吗？可以飞上天空了吗？显然不可以。

中国历史上的战国时代，有一个思想家，叫韩非，他曾经说过一段话，他说，光跟一个人讲游泳的道理是没有用的，你要让他学会游泳，必须让他到水中自己游，然后，他才能够真正学会游泳。

同样，鸟妈妈跟小鸟说飞翔的道理是没有用的，它必须把小鸟从悬崖上推下去，从鸟巢里面推出去，逼着小鸟在天空中自己学会飞翔。

所以，“学而时习之”的“习”，其实不是复习的意思，而是练习、践行的意思。

“学而时习之”，“学”和“习”连在一起，是很重要的，这就是“知行合一”，知道一件事情的道理，跟践行这件事情，虽然是密不可分的，但却不是一回事。如果这两者不能合一，实际上，就是知行分离。学到，实际上没有学会。

◎ 盗贼也有羞耻心

关于这个问题，我们还是来看看明代思想家王阳明曾经跟他的学生徐爱之间的一段对话：有一天，他的学生徐爱就问他，徐爱说："现在的人，尽有知得父当孝、兄当悌者，却不能孝、不能悌。便是知与行分明是两件。"

徐爱的意思是什么呢？他是说，现在人人都知道应当孝顺父母、应当尊敬兄长，但是事实上却有很多人都做不到孝顺父母和尊敬兄长，由此可知，知与行分明是两件事。

对此，王阳明给他一个回答，王阳明说了很长一段话，我拣重点来讲。

王阳明说："如果知道孝顺父母和尊敬兄长的道理，但是却做不到，实际上还是不知道。知而不行，还是未知。"

> 爱曰："如今人尽有知得父当孝，兄当弟者，却不能孝不能弟。便是知与行分明是两件。"
>
> 先生曰："此已被私欲隔断，不是知行的本体了。未有知而不行者；知而不行，只是未知。圣贤教人知行，正是要复那本体，不是着你只恁的便罢。故《大学》指个真知行与人看，说'如好好色，如恶恶臭'。见好色属知，好好色属行。只见那好色时已自好了，不是见了后又立个心去好；闻恶臭属知，恶恶臭属行，只闻那恶臭时已自恶了，不是闻了后别立个心去恶。如鼻塞人虽见恶臭在前，鼻中不曾闻得，

> 便亦不甚恶，亦只是不曾知臭。就如称某人知孝，某人知弟，必是其人已曾行孝行弟，方可称他知孝知弟。不成只是晓得说些孝弟的话便可称为知孝弟？又如知痛，必已自痛了方知痛；知寒，必已自寒了；知饥，必已自饥了；知行如何分得开？此便是知行的本体，不曾有私意隔断的。圣人教人，必要是如此方可谓之知。不然，只是不曾知。此却是何等紧切着实的功夫！如今苦苦定要说知行做两个是什么意？某要说做一个是什么意？若不知立言宗旨，只管说一个两个，亦有甚用！”（《传习录·卷上》）

所以，对于做人的道理，光知道，还不行，还要照着去做。学，就是让你知道，而习呢，就是让你照着去做；知行要合一，学和习也要合一。

当然，王阳明说的知行合一的“知”，不光有知道道理的意思，其实王阳明更主要的是想说什么呢？是说我们每个人心中都有一个“良知”，我们要能够体察出自己内心中的良知。

什么叫良知？我说得简单一点，良知就是我们内心对世界上是非善恶的判断。

说到这个良知，我再来说一个王阳明的故事。

据说王阳明有一次抓住了一伙盗贼，他硬要盗贼承认自己也是有良知的。盗贼就问王阳明：“你说人人都有良知，你倒说说看，我们这群盗贼有良知吗？”

王阳明先生肯定地回答："当然有。"盗贼说："那好，请你证明给我们看。"王阳明说："只要你们照我说的去做，我就能证明，即使是你们这种盗贼，心中也是有良知的。"于是，王阳明先生就让这些盗贼一层层脱掉外衣、内衣，最后只剩下一条内裤。王阳明先生说："接着脱！"盗贼喊："这个再也不能脱了！"王阳明先生笑着说："你看，这就是你们的良知，你们还知道羞耻啊。"

盗贼也有羞耻之心，也知道自己不可以赤身裸体地站在众人面前。

所以，这个故事真的很精彩。王阳明先生用一条不能脱下的内裤，证明了盗贼也有良知。

◎ 学习三境界

但是，有一个问题：盗贼既然有良知，为什么还要做盗贼呢？我们还是用王阳明的话来说。

有一天，又有一个学生来问王阳明，说："老师啊，我读书不记得，怎么办啊？"

王阳明先生回答说："我要你晓得，不是要你记得。实际上我让你晓得，那已经不是最高境界了，最高境界是我要让你能够明白你内心的良知。"

> 一友问："读书不记得如何？"
>
> 先生曰："只要晓得，如何要记得？要晓得已是落第二

义了，只要明得自家本体。若徒要记得，便不晓得：若徒要晓得，便明不得自家的本体。”（《传习录·卷下》）

这段话是什么意思呢？实际上，王阳明曾经说过，我们读书人有三种境界：第一种境界，只是记得，就是我们把读到的记住了；第二种境界，叫晓得；第三种境界，叫习得。

我们来简单看一下，什么是记得。一般人读书只是记得书中的话，这是在学知识。因为记得只是记住了书中的话，但是这个知识对你有没有影响、有没有触动？这个就难说了。

晓得呢？晓得则是你发自内心认同书中的那些道理，在自己心中印证了书中的道理。这样得来的，才是真正的学问。

但是有一个问题，你认同这个道理，并不表明你能够践行这个道理。记得很重要，晓得更重要，为什么呢？晓得，是晓得是非善恶，那当然更重要。

所以，晓得比记得好。但是有一点，晓得也不一定能够自己做到。

就是我们前面讲到的，徐爱和他的老师王阳明的对话，我们人人都知道孝顺父母、尊敬兄长的道理，但为什么很多人就做不到呢？前面我们说的盗贼也是这样，他们也有羞耻之心，但是却不能够践行，所以才做了盗贼。

因此，还必须有个东西，能把我们晓得的道理变成我们本能的行为。这个特别特别关键和重要的东西叫什么呢？就叫习得。

所以学习的三个境界，记得、晓得、习得，习得才是最高境界。

什么叫习得？习得就是通过践行你已经明白的道理，最后把道理变成自己的自觉行为，变成习惯，然后习惯成自然，让明白的道理成为我们的良知、良能。“习惯如自然”这句话，也是孔子说的。

◎狼吃草

所以，王阳明先生还说过一个概念，叫“一体之仁”。“一体之仁”又叫“天地万物一体之仁”。

什么叫“天地万物一体之仁”？我曾经看过一个视频。我想用这个视频来说明一下什么叫“天地万物一体之仁”。

视频上有一个才几岁的小姑娘，在妈妈的指导下，做一个有关食物链的连线题，其中有一个是把狼和羊连在一起。也就是说，狼要吃羊，但是这个小女孩很有意思，她坚持要把狼和草连在一起，坚持不把狼和羊连在一起。

妈妈就认为女孩做错了，要女孩纠正过来，并且说：“狼已经把羊吃了。”

女孩坚持狼只吃草。妈妈一定要坚持狼只吃羊。

最后，女孩泣不成声，说：“妈妈，狼不吃羊。”

妈妈就问：“为什么？”

女孩大哭，她说：“羊疼，羊太疼了！”

妈妈问：“羊疼吗？”

女孩子连声说："羊疼！羊疼！羊疼！"

最后妈妈只好让步："好吧，狼吃草，不吃羊了。"

你看，狼吃羊，是知识，我们一般人都是这么认为的。狼不吃羊，是孩子不认可"狼吃羊"的道理。

孩子大哭，说"羊太疼了"，这就叫一体之仁，是万物一体的境界。这个可爱的小女孩，她自己体验到了羊被吃时的痛感，那种痛感是真真切切的！这个时候女孩子就把自己想象成那只羊了，这就叫"一体之仁"。

说到这里，我们也可以再回答一下，什么叫良知呢？

这个孩子告诉我们的，就是良知！

这一讲，我们的结论是什么？

是光有学还不行，还要习！学和习的区别在哪里？学让我们可以学到知识，明白道理。但是，从知识到能力有一段距离；从了解道理到按照道理去做也有一段距离。我们讲了一个小女孩的故事，证明了我们都是有良知的。但是，在纷纷攘攘的世道中，我们有时会丢掉良知。习，就是让我们发现自己本性中，本来已有的一体之仁！

下一节课，我们来讲《论语》的第三个字——"乐"，我们向孔子学习快乐的能力。

第六讲 快乐者自快乐

大家好，我是鲍鹏山，我们一起接着读《论语》。

在上一讲，我们讲到了学，不仅要学，还要付诸行动，付诸实践，要在生活中践行学到的道理。

“学而时习之”，就是要抓住一切时机把学到的东西付诸实行。

孔子接着反问道：“不亦乐乎？”

当我们把一种理想“学而时习之”的时候，我们就会从中获得巨大的快乐。是的，《论语》的第三个关键字是什么呢？就是“乐”。

◎孔子的快乐

其实，《论语》也是一部关于“快乐”的书。而《论语》第一篇第一章这三句话，实际上说的，都是快乐。

我们不妨再读一遍孔子这三句话：

1.1　子曰："学而时习之，不亦说乎？有朋自远方来，不亦乐乎？人不知而不愠，不亦君子乎？"（《论语·学而》）

我们在前面讲过，你不要以为孔子怎么突然就"曰"了。其实，"子曰"的前面，一定有一个铺垫，有一个场景，有一个对话的环境。

你仔细揣摩一下孔子说话的语气，那是一种反问的口气。既然是反问的口气，说明什么？说明有人问。

比如，现场可能有人这样问孔子："老师，您老过得并不好，也不得志，就这样困在家里官也没得做，做一个教书先生，还不被别人理解，可是您怎么一直都很快乐呢？"

于是孔子反问："我为什么不快乐呢？我学古圣先王之道又能践行，不是很快乐吗？那么多人不远千里来向我学习，不是很快乐吗？人们虽然不了解我，可是我却并不因此怨恨，这不是也很有君子的境界吗？意识到自己已经有了君子的心胸和境界，不是很快乐的一件事吗？"

注意，孔子这里只是随口举出了三个快乐的例子。其实，快乐者自快乐，他怎么样都快乐；不快乐者自不快乐，他怎么样也不快乐。

曾经有这么一个青年，他就总是莫名其妙地乐。可是后来不幸碰到车祸，被截去了双腿，但是，这一个总是很快乐的人，沉郁了不到半年，他又快乐起来了，和以前一样。

还有一个人，一个英国妇女，她一直郁郁寡欢，天生就不快乐。后来突然买彩票中了大奖，变成了有钱人。但是，她这个快乐也只延续了不到半年，半年之后，她又长吁短叹不快乐了。

我要说的是，快乐是一种能力。孔子就有这种能力，他是一个很快乐的人。这一讲，我就来和大家讲讲，孔子总是一个很放松、很快乐的人。

孔子一直是不得志的，但又确确实实是快乐的。在《论语》的第七篇《宪问》篇里面，就多次说到孔子的逍遥快乐。

我们先来看看弟子们的感受：

7.4　子之燕居，申申如也，夭夭如也。（《论语·述而》）

弟子们发现，他们的老师孔子在家闲居的时候，总是齐齐整整、安安详详，和悦而又愉快。这是弟子们在回忆老师孔子的时候，他们的集体感受。

我们再看看在7.16章，孔子自己怎么说自己：

子曰："饭疏食，饮水，曲肱而枕之，乐亦在其中矣。不义而富且贵，于我如浮云。"（《论语·述而》）

孔子说："吃粗粮，喝冷水，弯起胳膊当枕头，快乐就在其中了。用不义的手段得到的富与贵，对于我来说，那就如同天边的浮云。"吃粗粮，喝凉水，枕头都没有，但是怎么样？他还是快乐。

在7.19章有这样一段记载：

叶公问孔子于子路，子路不对。子曰："女奚不曰：其为人也，发愤忘食，乐以忘忧，不知老之将至云尔。"（《论语·述而》）

这一则实际上讲到的是这么一个故事。孔子带着弟子周游列国，到了楚国北方的边境城市负函，负函的地方长官是大名鼎鼎的叶公。此叶公就是成语“叶公好龙”中的那个“叶公”。注意，以前大家都读叶（shè）公好龙，现在我们已经统一读叶（yè）公好龙了。这也是减轻我们学习的负担了。

叶公接待并安顿孔子和他的弟子们住下。有一天，叶公就问孔子的弟子子路：“子路先生，您的老师孔先生是一个什么样的人呢？”子路没有回答。可能是子路不知道如何回答。然后子路就回来和老师说：“老师，刚才叶公问我您是什么样的人，我一时真的没想到怎么样回答他。我就没回答。”

孔子一听，很不高兴，就责怪子路说：“你为什么不告诉他说，‘我的老师，用功读书时，便忘记吃饭；兴奋快乐时，便忘记忧愁，甚至都不知道衰老快要来了’。你跟我这么久了，你怎么就不知道我的为人呢？”

我们看看孔子对自己的描述，那就是：“发愤忘食，乐以忘忧，不知老之将至。”

◎快乐的诀窍

孔子，是中国历史上，最具有快乐能力的人。

这也就能够解释，一部《论语》，为什么从一开始，就是孔子在谈快乐。为什么孔子总是这么快乐，别人又羡慕，又好奇。于是，就会有人问孔子：“孔老师，您为什么总是这么快乐？”

在他们的这个问话里，其实包含着两个问题。

第一，快乐对于人生是何等重要。所以，看到孔子这样一个一直

快乐的人，不免想了解一下，快乐到底有什么诀窍。学会了快乐的诀窍，比学会了什么诀窍都重要啊。

不仅在孔子生前，人们很迷惑于他为什么这么快乐，即便孔子死后，人们也一直在探究孔子为什么这么快乐。甚至宋朝的大儒周敦颐先生，把这个问题作为一个大课题，立项让他的学生程颐、程颢两个兄弟去研究。

据《宋史·道学传》记载，周敦颐就让程颐、程颢去体会孔子和他的高徒颜回的快乐，并寻找孔子和颜回快乐的秘密，从而进入圣人的内心世界。

也确实，寻找孔子和颜回快乐的诀窍，确实是了解孔子道德境界的一个方便之门。

第二，这些问孔子为什么这么快乐的人，他们其实还发现，孔子过得并不好。他的理想不能实现，生活常在漂泊，甚至，还常常被人误解。但老师就是快快乐乐，没心没肺似的快乐。

这很让人迷惑，甚至让人嫉妒！他为什么就这么快乐！我为什么就不能快乐呢？

孔子几乎是无条件地快乐！就是这一点，特别让别人羡慕嫉妒恨啊。

他都那样了，一大把岁数了，还没有安顿，还在外漂泊，有家不能回，有国不能归，他怎么还是那么快乐？

你看，我们觉得，快乐是需要条件的，需要前提的，是不是啊？

快乐是否需要条件，我们暂且不讨论，但是我们都知道，快乐往往是有原因的。

当某些原因出现的时候，人就会快乐。比如，我今天本来不快乐，但是突然之间，某一种情形变化了，我一下子就快乐了。这样的例子很多吧！比如，你今天放学回家，闷闷不乐，因为今天老师布置了太多的家庭作业。但是，就在这时，你突然接到老师的电话，老师告诉你由于你这次考了100分，这时候，你是不是一下子就快乐起来了？好了，同学是这样，那么家长呢？今天下班闷闷不乐，因为今天工作不顺利。但是回到家，孩子告诉你：今天考试考了100分！作为家长，作为父母，你是不是一下子忘记了工作的不顺利，一下子又快乐起来了？

你看，快乐其实很容易，不需要多少难以企及的条件，关键是：我们能不能够感受到快乐？生活中随时都会有这种快乐出现，所以，其实，我们还是可以随时快乐的。但是，这样的快乐随时可以出现，也随时可以消失，那么，有没有一种快乐，一直都不会消失呢？

孔子他老人家似乎一辈子都快快乐乐。诀窍就是：他把学习本身当成了快乐。

我们来看一个故事。有一次，子路同学问孔子："老师，君子也有忧愁的时候吗？"孔子说："没有。君子在没有实现目标的时候，就以追求目标，努力学习，努力工作为快乐；在实现了目标的时候，又以有所成就而快乐，所以，君子有终身的快乐，没有一天的忧愁。而小人呢？在没有达到目标的时候，就忧虑得不到；如果已经得到了，又会害怕失去，所以小人有终身的忧愁，而没有一天的快乐。"

子路问于孔子曰："君子亦有忧乎？"孔子曰："君子，其未得也则乐其意；既已得之，又乐其治。是以有终生之乐，无一日之忧。小人者其未得也，则忧不得；既已得之，又恐失之。是以有终身之忧，无一日之乐也。"（《荀子·子道篇》）

所以我们看，孔子的快乐来自哪里？来自对理想人格的"学而时习之"！

人生有一个目标，就会快乐！人生有一个目标能让我们去追求，就会很快乐。

孔子还说过一句话：

15.12　子曰："人无远虑，必有近忧。"（《论语·卫灵公》）

意思就是说，人如果没有一个远大的目标，就会觉得现在的学习和努力很苦。但是，假如我们知道，此刻所有的努力都是为了自己的进步，都是为了一个理想，那么此时此刻就不但不觉得苦，反而觉得很快乐了！

有一个目标让我们去追求，就能快乐。

快乐，来自对理想的追求！

第七讲 人生不止三可乐

大家好，我是鲍鹏山，我们一起接着读《论语》。

在上一讲，我们讲了《论语》的第三个关键字："乐"。

学习是快乐的，朋友交往是快乐的，甚至，在被别人误解的时候，如果我们能保持自我内心的安详，我们仍然是快乐的！

◎孔颜乐处

我们在上一讲里面讲到，快乐是一种能力。

其实，以学习为乐，不仅获得了快乐，而且学习也会因此变得更加容易。

我们来看看《论语》第六篇中孔子说的这句话：

6.20 子曰："知之者不如好之者，好之者不如乐之者。"（《论

语·雍也》）

什么意思呢？就某一事而言，掌握它的人，不如爱好它的人；爱好它的人，不如以它为乐的人。

为什么有人比我们做得好、学得好？因为他爱好这项事业或学问；为什么有人比爱好这项事业或学问的人，还做得好、学得好呢？因为他从事业和学习中找到了快乐。

所以这是三个不同的境界啊。知道它的人，不如爱好它的人，爱好它的人，不如从中找到快乐的人。

"知之者""好之者"，这里的"之"是代词，我们可以代入知识、技能、职业、事业等等，甚至可以代入世界。"之"为"世界"时意为：认知世界，不如热爱世界；热爱世界，不如自己在这个世界活出精彩。是不是这样？

在《论语》里面除了孔子给我们做出了快乐的榜样之外，还有一个人，颜回，也是一个非常快乐的人。

6.11　子曰："贤哉，回也！一箪食，一瓢饮，在陋巷，人不堪其忧，回也不改其乐。贤哉，回也！"（《论语·雍也》）

你听听孔老师的口气："贤德呀，颜回！一筒饭，一瓢水，住在陋巷里，别人受不了这种困苦忧愁，颜回却不改他快乐的心情。贤德呀，颜回！"

颜回为什么贤德呢？因为他身处简陋的生活之中，仍然能够快乐呀！

曾经，我听到一个老师问孩子："为什么颜回生活如此艰苦，却能如此快乐?”一个八岁的小朋友举手回答:“因为仁者安仁啊!”

这个回答太好了!颜回因为内心有仁德,仁者安仁,所以他能在贫困中仍然快乐。而能够在贫困中仍然快乐,这又正好证明了,他具备别人没有的贤德。

快乐就是贤德,有德之人就快乐!

“仁者安仁”这句话,是在《论语》第四篇:

4.2　子曰:“不仁者不可以久处约,不可以长处乐。仁者安仁,知者利仁。”(《论语·里仁》)

大意为:不仁的人,不能长久地安处于贫困之中,也不能长久地处于安乐之中。仁德的人安于仁,智慧的人利用仁。

内心没有仁德的人不能够长守穷困,为什么呢?因为“小人穷,斯滥矣”(《论语·卫灵公》)。小人一旦穷困,那就漫无目标,没有方向、没有原则了,所以他不会快乐,也不会长处穷困。他一旦穷困,便会无恶不作。

孟子说一般人,没有恒产,也就没有了恒心,一旦丧失了恒心,那就“放辟邪侈,无不为己”(《孟子·梁惠王上》)。说的也是这个意思。

但不仁者为什么又不能长处安乐?因为,长期的安乐,也会使人饱暖思淫欲,做出不好的事。

可见,内心没有定力,无论贫贱,无论安乐,都不可能使一个人真正达到和平宁静的幸福的境界。

但仁德的人就不同了,他们安于仁,正如一滴水之安于大海,又如鸟之安于森林，鱼之安于江湖。

可是孔子又说“知者利仁”，为什么“知者利仁”呢？因为智慧的人深察仁德会给他带来好处，所以，他也会乐于实行仁德，去做一个好人。

◎“三可乐”

我们来看看第一篇的第一章。第一章讲了三个字，一个“学”，一个“习”，一个“乐”。

讲到这里，我想起了《论语》第七篇中的这句话：

7.37　子曰：“君子坦荡荡，小人长戚戚。”（《论语·述而》）

君子坦荡荡，并不是说君子一切顺心，也并不是说这个世界一切都很完美，而是我们虽身处不完美的世界，但尽量做一个完美的自己，在让自己完美的过程里，我们就会体验到学习和成长的快乐。所以我们看，在《论语》里面，20篇500多章，15 929个字，我们竟然找不到一个苦字。

孔子有那么大的担当，孔子有那么大的责任，他的生活中也遭受了那么多的挫折，但是我们看到的孔子一直是快乐的，一直是轻松的，一直是从容的。

为什么？这就是他所说的，在“学”的过程中让自己完美，在“习”的过程中，让知识变成了能力，让道理变成了自己的行为准则，变成了自我的修养，让自己完美，这本身就是快乐。

我们来总结一下《论语》第一篇第一章。

“学而时习之，不亦说乎？”勤奋学习，又能有时间、有心情、有兴趣去时时践行，感受到自己一天一天地成长，岂能不快乐？

“有朋自远方来，不亦乐乎？”朋友自远方来，契阔谈宴，无比快乐，这是我们一般人所能共同感受到的。但孔子这句话还有更深的意思在。朋友能从远方来，其快乐还不仅在于聚会时的互叙衷肠，它还证明了自己的价值与德行，我们怎能不快乐？

注意上面两句话中的“说”（悦）与“乐”的细微区别。说（悦），乃是内心的感受，读书的快乐是个人的，是内心的，是一种自我愉悦的境界，所以用“说”（悦）。而朋友来了，这个快乐是外露的，甚至是手之舞之，足之蹈之的，它有互乐、同乐的特点，所以要有“乐”。

“人不知而不愠，不亦君子乎”，这是人的一种境界、一种修养。自己学问精深、道德深厚、志向远大，却无人了解，从而得不到相应的尊重与任用，是很难保持心理的平衡的。“人不知而不愠”，实在是一种很高、很难以攀登的境界。这需要一种精深的修养。有了这种修养的人，岂不是真正的君子？

其实，“不亦乐乎”，还不仅仅是反问你这些“事”乐不乐，更是在提醒你这世界岂不乐？

这世界，有足够的奥妙，让我们学习和探索；有足够的空间，让我们创造和改善；有足够的知识，让我们快乐和享用。

你再想想，这个世界之所以可乐，其实快乐的秘诀还在于我们自己：乐，不遑他求，求己即可。因为无论是学习，还是朋友，还是心中的无愠，那都是自家的事。

其实，孔子讲的这个“三可乐”：学习的快乐、结交朋友的快乐、修养自身的快乐，他也只是随口举例，以说明我们有无数的理由可以快乐，而这个世界也有无限的呈现来让我们快乐。

孔子并不是说这个世界只有这三件事情是可乐的，这个世界本身就是一个可乐的世界，问题是我们有没有领受这种快乐的能力。

如果我们有了这种快乐的能力，就能够承受生活中种种的不幸，就能够经历生活中种种的挫折，这个世界就打不倒我们，恰恰相反，我们会改变这个世界，并且我们自己也会越来越强大。

我们看到孔子讲道理，他一般不会给你一个定义，不会给你一个概括。《论语》中，孔子回答问题，有一个鲜明的特点，他常常是“能近取譬”，随时随地给你举几个例子。

这是早期哲学的一个特点，也是孔子说理的一个特点，不是用一个抽象的定义来框死问题和思路，而是用一些生活例证，来让你体会到生活的意义和生命中的情感，这样的答案，是开放性的，所以，你可以在孔子讲的三可乐的下面继续补充：上学了和老师同学一起学习，不亦乐乎！放学了和爸爸妈妈在一起，不亦乐乎！做作业复习学到的知识，不亦乐乎！做完作业了可以玩一会儿手机，不亦乐乎！放假了，不亦乐乎！开学了，不亦乐乎！我们一起读《论语》，不亦乐乎！

……

下节课，我们就要开始讲一讲孝顺这个主题了。

《论语》和我们的生活

第八讲 孝悌

大家好，我是鲍鹏山，我们一起接着读《论语》。

我们前面用好几讲，讲了《论语》的第一篇第一章，那可是《论语》的开篇之作。那三句话，“学而时习之，不亦说乎？有朋自远方来，不亦乐乎？人不知而不愠，不亦君子乎？”乃是人生的总纲。第一句，说我们必须认知世界；第二句，说我们必须认识他人；第三句，则是告诉我们要好好地安顿自己。《论语》开篇第一篇第一章，意义是太大了！

◎ 状似孔子

现在，我们就来接着讲第一篇第二章：

1.2 有子曰：“其为人也孝弟，而好犯上者，鲜矣。不好犯上而

好作乱者，未之有也。君子务本，本立而道生。孝弟也者，其为仁之本与?”（《论语·学而》）

我们先看看有子，有子是孔子的学生。《论语》里说话的，不光孔子一个人，好多他的弟子说的话很有水平，也被记录在《论语》里。有一个好老师很重要，学生也可以跟着老师，一起名垂不朽。这个有子，他姓有，名若，字子有。

有若和老师一样，也是鲁国人。有若后来自己也带了很多弟子，弟子也尊称有若为“子”，所以，你看这个地方就称他为“有子”，说明这一章是有若的弟子记录下来的。

有子在孔子的门下，是有独特地位的。

第一点，《论语》里的第一篇第一章是孔子讲的话，第一篇第二章，接着孔子的就是有子。这就可以看到他的地位不一样了。而且，第一篇里，总共只有 16 章，有子一个人就占了三章，其他弟子都没他多。

第二点，《论语》里面有严格的规矩，这个规矩就是，孔子之外，弟子们都称字。比如，颜回，姓颜（以氏为姓）名回，字子渊，《论语》里面提到他，都是颜渊。

为什么？因为，平辈之间或一般关系的人，为表示尊敬，都要称字，直呼其名是不礼貌的。但有意思的是《论语》中有四个人，待遇和别人不一样，特别高，那就是有若、曾参、闵子骞和冉求。这四个人，在《论语》里面，曾参一直被称为曾子，而有若、闵子骞和冉求是有时候称字，有时候称有子、闵子和冉子。这是因为，他们的学生，也参与了《论语》的最后编订。学生编《论语》，碰到自己老师的部分，不就得称“子”了吗？

显示有子的地位在孔门弟子里比较高的，还有一件事，《孟子》在《滕文公上》里有这样的一段记载，说孔子死了以后，弟子们都很想念孔子，同时，又觉得孔子死了以后，他们这个学派、这个团体，万一散了怎么办呢？要找一个人来代表孔子来凝聚大家。

可是代表孔子谁够格呢？子夏、子张、子游这三个人就推荐有子。为什么是有子呢？《孟子》上面说得比较含混，孟子说，“子夏、子张、子游，以有若似圣人”。也就是说因为他们觉得有若像孔子，就把有若扶到孔子的位置上，然后就像以前对孔子一样来对待有若。

可是这个有若似孔子，到底是什么样的似法呢？是他貌似孔子，是他说话高明，言似孔子，还是说他道德境界高，道似孔子呢？《孟子》没说。

这问题，不仅我糊涂，司马迁也糊涂。你要说有子说话高明，道德高超，高到像孔子那样，那显然不可能。

所以，后来司马迁在写《史记》的时候，就比较含蓄地对《孟子》的这段记载悄悄地做了一个小小的修改，怎么改的呢？就是在“似孔子”的前面，加了一个“状”字，有子“ 状似孔子”。司马迁的意思是说，有若只是长得像孔子。

但是这又出现了一个新的问题：只是长得像老师孔子，怎么能像孔子那样受爱戴呢？果然，当时就有一个人不同意，就是曾子。但是我们知道，曾老师年龄小，属于小师弟，说话分量较轻。最后，还是由着子夏、子张、子游，把有子扶到老师的位子上，大家装模作样地围在他身边，弄出一个当初孔子鼓琴、弟子读书的氛围。但是，有若毕竟不是孔子，他也并不能够像孔子那样很好地回答问题，最终，有若还是灰溜溜地从老师的宝座上下来了。

◎ 三个狠人

不过，我倒觉得这里面也没有那么简单，因为有若如果仅仅是司马迁猜测的那样“状似孔子”，子张、子夏、子游这些人就把有若奉上孔子的宝座，那这三个人也太荒唐了。有若虽然可能达不到孔子的境界，但是很多时候他说的话，还真是很有水平的。

比如，我们今天要讲的这一章，这段话说得还真是很不错啊，我们来看看他为什么说得好。

这段话说了三个很重要的伦理学的概念：孝、悌、仁。说了这三者的关系。孝，是子女如何对待父母。悌，是兄弟之间如何互相对待。仁，仁爱的仁，是人与人之间如何互相对待。

其实这三个词，内涵都是一个字，这一个字就是：爱。

孔子的学生樊迟向孔子问仁，孔子回答：“爱人。”

12.22　樊迟问仁，子曰：“爱人。”（《论语·颜渊》）

孝就是爱父母，悌就是爱兄弟，仁是爱所有的人。你看，区别只是爱的对象不一样。那么这三者的关系怎么样呢？有子说：“孝悌是仁之本。”但也有人说，这个“仁爱”的“仁”，其实意思就是“人”。仁之本就是人之本。这样的理解也很好。人要学会爱所有的人，必须先从爱自己身边的人开始。先爱身边的父母兄弟这些人，再把这样的爱推广出去，这就是爱天下的人。所以说，孝悌是人之本。或者我们反过来说，一个人如果连自己的父母兄弟都不爱，他能爱陌生人吗？亲近的人都不爱，他能爱疏远的人吗？所以，孝悌，是仁爱之本，也是做人之本。

我讲个故事吧。春秋的时候，比孔子所在时代还早的时候，齐国出了一个伟大的国君叫齐桓公，一个伟大的国相叫管仲。同时，齐桓公的身边除了管仲之外，还有三个人，那就是易牙、开方和竖刁。

易牙是齐桓公的厨子，开方本来是卫国的公子，跑到齐国侍奉齐桓公，竖刁就更出格了，自己把自己给阉割了，去给齐桓公做后宫的总管，也就是后来的太监。

有一天，齐桓公发了句感叹："天下的美味都吃过了，就是没吃过人肉。"

我估计，齐桓公就是开了个玩笑。当然，国君根本就不该开这个玩笑，我们就算是齐桓公混账了一回吧。

但这个易牙更混账。他听了，竟然回家就把自己的儿子杀了，然后给齐桓公煮了一锅人肉汤。齐桓公很感动，他觉得易牙竟然杀掉自己的儿子给他吃，这是一个多么忠心耿耿的好人啊。

开方呢，离开卫国跑到齐国侍奉齐桓公，十五年没有回国看望过自己的父母，他父母去世他也不回国奔丧。齐桓公问他："你为什么这样呢？"他说："我舍不得离开您啊。"齐桓公又很感动，觉得他是个有情有义的好人。

竖刁，我们前面说了，他把自己阉割了，去侍奉齐桓公，齐桓公觉得，一个人对自己这么下狠手，就是为了能够进宫侍奉他，这一定是个愿意为他肝脑涂地的忠臣。

可是，管仲不这么看，管仲心里有数。

管仲要死了。齐桓公来问管仲："您死了，谁来接班呢?"齐桓公心里实际上就是想在开方、易牙和竖刁这三个人里找一个。但管仲不同意。管仲的理由是什么呢?

管仲的理由是：连自己儿子都下得去手杀的人，还有谁他不能杀?连父母都不爱的人还会爱别人吗?连自己都敢下刀子阉割的，还有谁他不敢动刀子的?

这段话，如果换成有子来说，就是：不孝不悌的人，还能心存仁爱吗?还是好人吗?

因此，有子说，孝悌是仁之本，即孝悌是做人之本，就是这个意思!

你看，这个有子，还是有料的啊!

我们这节课讲了先爱父母兄弟这些身边的人，再把这样的爱推广出去，就是爱天下的人。下一节课，我们还是接着讲孝顺。

第九讲 不肖子孙

大家好，我是鲍鹏山，我们一起接着读《论语》。

上一讲我们讲了《论语》第一篇第二章。还记得原文吗？我们不妨复习一遍：

有子曰："其为人也孝弟，而好犯上者，鲜矣；不好犯上而好作乱者，未之有也。君子务本，本立而道生。孝弟也者，其为仁之本与？"（《论语·学而》）

我们常常说，一个人要仁义，这仁和义说起来很大，也好像不好界定。其实，从身边做起，孝顺父母，就是仁；敬重兄长，就是义。从身边，此刻做起，做一个孝顺父母的人，做一个能和兄弟姐妹同学朋友和睦相处的人，这就是通往仁义的起点和门径啊！

所以，上一讲最后，我说有子有料，真的是"有子之言似夫子"。

为什么我说“有子之言似夫子”？因为孔子也讲过关于孝顺的话，他也特别强调为人要孝悌啊。

◎昭公丢人

从这一章往下，到第六章，就是孔子讲的话，我们来看一看：

1.6 子曰：“弟子入则孝，出则弟，谨而信，泛爱众，而亲仁。行有余力，则以学文。”（《论语·学而》）

孔子说：“孩子在家里要孝顺父母，出门要恭敬兄长；谨慎而言，博爱大众，还要亲近仁德的人。做到了这些如果还有余力，那就去学一学古代文献吧。”

你看孔子的意思是“行有余力，则以学文”。孝顺父母，恭敬兄长，这些行，比读书学文还重要。读书学文，只是孝顺父母，恭敬兄长之余的事。这可不就是有子说的，孝悌是为人之本的意思吗？

在孔子那个时代，一个人在家里如果孝悌做不好，在社会上就混不下去，别人要戳脊梁骨说闲话。所以，为了做好孝悌，很多人来问孔子。《论语》的第二篇，就集中记录了四个人问孔子如何孝顺的问题。

我们先看第二篇第五章：

2.5 孟懿子问孝。子曰：“无违。”樊迟御，子告之曰：“孟孙问孝于我，我对曰，无违。”樊迟曰：“何谓也？”子曰：“生，事之以礼；死，葬之以礼，祭之以礼。”（《论语·为政》）

孟懿子向孔子请教什么叫孝道。孔子回答他的话只有半句，“无

违”。翻译过来意思就是，“不要违背”。不要违背什么呢？孔子没说，所以我说这只是半句。

后来有一次，孔子的学生，樊迟同学替孔子驾车，师徒两人在车上，孔子就把这个事情主动告诉了樊迟，说：“孟孙曾经向我询问什么叫孝道，我就回答他半句话，不要违背。”樊迟说：“您说的是什么意思呢？下半句话是什么意思呢？”孔子说：“父母活着，按照礼来侍奉他们；死了，按照礼来安葬他们；祭祀的时候，按照礼来祭祀他们。”

我们先解释下，孟懿子是什么人？孟懿子是鲁国大夫，也是孔子的学生。孟懿子的父亲孟僖子临终时嘱咐他，要他向孔子学礼。我们知道孟僖子是鲁国的大贵族，鲁国最有权势的三大家族的大家长之一。可是为什么临死之前，要他的儿子纡尊降贵，向一个普通的士人孔子拜师学习呢？这里面有一个故事。

鲁昭公七年的时候，那一年孔子才 17 岁，就在那一年，楚国的楚灵王，造了一个章华台，落成的时候，就想请各国的诸侯都参加典礼，顺便也炫耀下国力。鲁昭公接到邀请就去了，同时陪着鲁昭公去的，就是鲁国的大夫孟僖子，鲁昭公要他去负责外交礼仪。可偏偏孟僖子不懂礼仪，途经郑国，郑简公在国都的城门外慰劳鲁昭公的时候，孟僖子竟然不知道如何答礼，非常尴尬。这是第一次丢人。

到了楚国以后，楚灵王在城郊外举行郊劳礼，所谓的郊劳礼，就是迎接到郊外，向远方的客人安慰他们一路的辛苦。

楚灵王在城外举行郊劳礼，欢迎鲁昭公。孟僖子又不知道怎么做才好，慌里慌张，手足无措。这是第二次丢人。

别急，还有第三次。在欢迎的宴席上，大家酒喝多了，楚灵王本来就是一个好激动的人，他一激动，把自己心爱的一个宝贝——大屈（亦作“大曲”）宝弓送给了鲁昭公，以示友好。可是酒醒了以后，这个人挺有意思，他又后悔了，这么好的一个宝弓啊，怎么就酒醉送给鲁昭公了？自己舍不得，想要回去。但这事很难办。送了人的东西，怎么能要回来呢？

可是他手下有个大臣就说：“这个事其实很好办，我去把它要回来就是了。”这位楚王的大臣，来到国宾馆，向鲁昭公拜贺，就跟鲁昭公说：“您看我们的楚王对您真好，昨天晚上把大曲宝弓都送给您了。您知道吗？齐国、晋国和越国很早就想得到这个宝弓了，我们的国君就一直都不给他们。现在给了您，多么看重您啊，不过，您要谨慎地防备这三个大国，这三个大国有可能到鲁国去抢。您可要好好地保护好这个宝贝。”

鲁昭公一听，这哪是什么宝贝？简直就是祸根！齐国、晋国和越国，哪一个是善茬？被这几个强盗惦记上了，不用说宝弓，就是鲁国，也不安全了！鲁昭公赶紧把大屈宝弓送还给了楚灵王。

> 三月，公如楚，郑伯劳于师之梁。孟僖子为介，不能相仪。及楚，不能答郊劳。
>
> ……
>
> 楚子享公于新台，使长鬣者相，好以大屈。既而悔之。薳启强闻之，见公。公语之，拜贺。公曰：“何贺？”对曰：

“齐与晋、越欲此久矣。寡君无适与也，而传诸君，君其备御三邻。慎守宝矣，敢不贺乎？”公惧，乃反之。（《左传·昭公七年》）

你看一看，鲁昭公这次出国，几乎是丢尽了人！这哪里是外交活动？简直就是在各国间转着圈子丢人。可是谁要负主要责任？孟僖子啊，正是由于他不懂礼节，不知道如何应对，才造成了这样的后果。

要知道，鲁国的第一位国君是周公，周公是周礼的制定者。鲁昭公、孟僖子这一趟外交之旅，不光是自己丢人，还丢老祖宗的脸。好在这个孟僖子还有羞耻心，回国以后，就下决心研究礼仪，向懂礼的人学习。谁懂礼，他就向谁学习，等到他临终之际，就嘱咐自己的两个儿子说：“我死了，你们一定要拜孔子为师，学礼！向地位低的人学习，不丢人！不学礼，才丢人！还会转着圈子丢人！何况孔子这个人，虽然他只是个普通的士，但他可是圣贤的后代！”

于是，孟懿子就来向孔子拜师学习了。他开学第一课，就是问如何孝顺。孔子回答了“无违”，我们说这只是半句话，孔子为什么只回答半句话呢？是孔子让他把下面的半句话填出来。第一，你老子让你来拜我为师，这个你不能违背，你赶紧拜师吧！第二，你老子让你学礼，为什么？就是让你做事合乎礼，不要违背礼。

孔子知道，孟懿子的家族一直以大夫的身份把持国政，把鲁国国君都不放眼里，平时做事，从来不守本分；死后，他们的葬礼和祭奠之礼，也常常僭越，甚至用天子的规格来祭祀自己作为大夫的祖宗。

他们这样做，就是违背礼，就是不孝！

现在孟懿子就是用这样的违背礼的方法，来安葬和祭祀他的父亲孟僖子，所以孔子说他，这是不孝。

◎做鬼最怕人骂碑

你可能会问，他们这样做，可能是违背了礼，可是为什么还是不孝呢？给祖宗或死去的父母超规格的葬礼和祭祀，不是很多人都在干吗？为什么就是不孝呢？

我来讲一个故事，大家可能就明白了。这个故事是清朝的大学者纪晓岚记录在他的《阅微草堂笔记》中的。

有一个年轻人，漂泊外乡。在半夜的野外，他看到了老家一个早已死了的长辈，不用怀疑，这一定是鬼了，所以他非常非常惧怕。但是这位鬼长辈却非常和蔼可亲，他还邀请这个年轻人去他住的山洞里面坐一坐。常年在异乡，也很寂寞，碰到一个同乡人，亲切嘛！这个年轻人渐渐胆子也大了，但是他对鬼长辈住在这个远离家乡的荒山野岭之上，觉得很奇怪，就壮着胆子问："老前辈呀，我记得你的坟不是在家乡吗？你怎么住在这里呢？"

这个鬼长辈一听，长叹了一口气，说："唉，那个地方我已经不能再待了，因为我墓前的那块碑。也不知道为什么我的儿孙要在墓碑上把我一生的事业品行，做了太多的美化，把我说得近乎一个完人。我没有做过的好事也说我做了，我没有做过的官职也说我做了，我没有达到的级别也说我达到了，所以，路过的人都对着墓碑上的文字指指点点，一边念，一边谈，一边嘲笑。我在下面实在受不了了。每天都有人在墓前嘲笑，我怎么待得下去呢？所以我就只好跑到这个地方来躲避了，实际上，我现在已经无家可归了。”

看了这个故事，现在你明白了吗？对于死去的先人，给他加一些他生前没有的头衔，表扬一些他生前没有做过的好事，以及以超规格的祭奠祭祀他，不顾事实地拔高他，还有比如说现在很多人，给死去的父母造好大好大的墓，占好多好多的地，这都是不孝！因为你这样做，是让先人难堪，是给先人招骂，还让先人背负僭越违礼甚至违法的罪名！

因此，生前按照礼节侍奉他，死后按照礼节来安葬他和祭祀他，按照他原来应该有的身份、地位和事业来给他恰当的评价，死去的人，才会心安理得，才会无愧于心，才不会在地下听着地上的人对他指指点点，嘲讽谩骂。

我们常说，为人不做亏心事，半夜不怕鬼敲门。做人最坦荡的是半夜不怕鬼敲门。做鬼呢？是白天不怕人骂碑！

留一个问题：这节课我们讲了，孟懿子向孔子问孝，孔子说：“无违。”有人把这个“无违”解释成不要违背父母说的话，你们觉得他们这个说法对吗？为什么？

第十讲 别干傻事，别干坏事

大家好，我是鲍鹏山，我们一起接着读《论语》。

我前面讲，在《论语》第二篇里面，有好几章都是别人“问孝”，上一讲，讲了孟懿子问孝，孔子给他回答了半句话叫“无违”。下面一个问孝的人是谁呢？就是孟懿子的儿子孟武伯。刚刚我们看了孔子是如何回答父亲的，现在我们来看看，孔子是如何回答儿子的呢？

◎ 守身如玉

2.6　孟武伯问孝，子曰：“父母唯其疾之忧。”（《论语·为政》）

孟懿子的儿子孟武伯又跑来问孔子什么是孝。孔子说：“父母唯其疾之忧。”翻译一下，就是说“父母只担忧他是否生病”。

什么意思啊？难道父母不担心子女的生活吗？不担心子女的学习吗？东汉时期，有一个著名的经学家马融，他解释的特别好，他的解释是：“言孝子不妄为非，唯疾病然后使父母忧。”这解释真好。

这个解释我们就来看一看，当孟武伯来问孝的时候，孔子的回答是：“你小子整天不走正道，胡作非为，你先别管什么孝不孝了，你就少让你老子、老娘为你担心，就算孝了！”

我觉得，在孔子关于如何孝顺父母的回答里，这一章最好。为什么呢？因为它有普遍的意义。不仅针对了孟武伯，实际上对我们所有做儿孙的，都有指导意义。

一个人，求学时好好学习；工作后努力工作；为人诚实，做事踏实，在所有事情上不让父母操心烦恼，这可不就是孝子吗？而父母对子女学习、工作、为人都不需操心，只担心他是否生病，这个时候，父母不就是得到了最大的安慰吗？

而那些不好好学习、不好好工作，动不动寻衅闹事、违法乱纪，让父母为他担惊受怕、忧愁未来的人，那可不就是最大的不孝之子吗？

所以，走正道，做正事，做正派人，就是孝。不走正道，不做好人，立身不严谨，做事打马虎，学习不努力，工作不认真，那就是不孝！

马融在这个地方说了，“孝子不妄为非”，什么叫“不妄为非”呢？我觉得有两层意思：第一，别干傻事；第二，别干坏事。

我下面分别来说说，什么叫别干傻事，什么叫别干坏事。

别干傻事，也就是别莽撞，你要保护好自己的身体。千万别一不小心伤害了身体甚至丢了命。《孝经·开宗明义》中说，“身体发肤，受之父母，不敢损毁”，身体是从父母那里得到的，因此你孝顺父母就不应该伤害父母给你的这个身体，这是古人的一种观点。

我来说一个曾子的学生，乐正子春的故事。《吕氏春秋·孝行览》记载：这个乐正子春，是曾子的学生，他有一天一不小心在台阶上伤了脚，可是脚好了以后，好几个月他都不出门，满腹心事。脚好了为什么还不出门呢，而且脸上仍然是忧愁的颜色？乐正子春也是有学生的，学生们问他是什么缘故。

乐正子春告诉他们说：“你们这个问题问得好啊。以前，我从曾老师那里听说过这样一个观点，而曾老师又是从孔老师那里听来的，说的是父母完好地把儿子生下来，儿子就应该完好地把身体归还父母，不亏损自己的身体，不毁坏自己的形体，这就叫孝顺了。所以，君子一举一动都不应该忘记孝道。而我呢，自己走路不小心，伤了脚，就说明我在那一瞬间忘记了孝道，所以我痛苦的不是我脚上的伤，是我心上的愧。”

> 乐正子春下堂而伤足，瘳而数月不出，犹有忧色。门人问之曰：“夫子下堂而伤足，瘳而数月不出，犹有忧色，敢问其故？”乐正子春曰：“善乎而问之！吾闻之曾子，曾子闻之仲尼：父母全而生之，子全而归之，不亏其身，不损其形，可谓孝矣。君子无行咫步而忘之。余忘孝道，是

以忧。”故曰，身者非其私有也，严亲之遗躬也。

你看这个乐正子春，一不小心扭伤了脚，好几个月在那里自我反省，惭愧自己对不起父母。

这看起来好像是不是有点过分了。但是，大家想一想：你受伤了，最心疼的是谁？你不在了，最痛苦的是谁？父母啊！所以，乐正子春这样谨慎，是出于对父母之心的体察啊！能这样体察父母之心，不就是孝顺吗？

乐正子春之所以能做到那么好，跟他的老师有关。他的老师曾子，一辈子也都是这样做的。曾参（曾子）临死的时候，做了一个惊人的动作。这个记载在论语的第八篇第三章里面：

8.3　曾子有疾，召门弟子曰：“启予足！启予手！《诗》云：‘战战兢兢，如临深渊，如履薄冰。’而今而后，吾知免夫！小子！”（《论语·泰伯》）

8.3讲了什么呢？是说曾子生病了，然后把他的弟子们都召集过来，让弟子们把被子掀开，看看他的脚，看看他的手！

为什么呢？曾子要让他的学生们看到，他的手和脚一辈子都保护得好好的，没有损伤。并且，他还引了《诗经》中的三句诗：“战战兢兢，如临深渊，如履薄冰。”以此说明什么呢？说明一个孝顺的人，一辈子都非常谨慎，不因为莽撞，伤害自己的身体，伤害身体就是不孝顺。

曾子自己在这一点上做得很好，他一辈子都很谨慎，所以直到他临死，身体都是完好的。他觉得这一点做得非常好，他觉得这一点是对他父母最大的孝顺，所以这算是曾子对他的弟子们讲的最后一课吧。

这最后一课讲的是什么呢？讲的就是孝顺，讲的就是身体发肤，受之父母，不敢损伤。

◎ 大孝显亲

下面说一说“不妄为非”的第二层意思：别干坏事。

上一个别干傻事的道理明白了，这个道理也就好理解了。干坏事会损害父母的名誉，还会招来祸患。干傻事，是莽撞，可能会带来身体上的伤残；干坏事，那首先就是德性上的残缺，德性残缺，那不是更严重的残缺吗？

所以，孟子曾经讲过：一个人在世界上侍奉谁最重要？侍奉父母最重要；一个人在世界上保持什么最重要？保持自己善良最重要。不丧失自身善良而能侍奉父母的，我们听说过；丧失自身善良而能侍奉父母的，我们就没有听说过。侍奉的事很多，而侍奉父母是最根本的；需要保持的东西很多，而保持自身的善良是最根本的。

> 事孰为大？事亲为大；守孰为大？守身为大。不失其身而能事其亲者，吾闻之矣；失其身而能事其亲者，吾未之闻也。孰不为事？事亲，事之本也；孰不为守？守身，守之本也。（《孟子·离娄上》）

所以孟子特别强调“守身”，就是我们后来讲的“守身如玉”的意思，绝不允许自己堕落，不允许自己干坏事！这就叫“守身如玉”。

照顾好自己，不干坏事，不要让父母为我们担心、忧心，是孝顺的底线。其实，在古代的孝文化里，孝还有一个更高的境界。这个更高的境界是什么呢？

“大孝显亲”。意思就是通过自身的成就，让父母因为自己的成就而高兴，而骄傲，而自豪。要知道，子女是父母一生最大的事业啊！你成功了，他就成功了。

所以，如果我们去看一看《孝经》，翻开《孝经》第一章“开宗明义章”，一开始孔子就教导他的学生曾子说：“身体发肤，受之父母，不敢毁伤，孝之始也。立身行道，扬名于后世，以显父母，孝之终也。夫孝，始于事亲，中于事君，终于立身。……”

孝顺，从侍奉父母开始，中间是侍奉国君，而最终最高的境界，是自己能够成就自己的美名。

后来，曾子做出那么大的学问，有那么大的成就，他的爸爸曾皙，不也就跟着名垂千古了吗？这就叫大孝显亲啊！

其实，在中国人的人生观里，孝，一直是激励我们努力，使自己优秀的强大动力。孝顺的人不一定能成就大事业，但是成就大事业，一定要孝顺。所以，可以这样说，孝顺父母，是一个人成就人生的必要条件。

我们总结一下这一讲的内容：孝顺有三：第一，保护好自己的身体；第二，保护好自己的品德；第三，做一个有成就的人！

孝顺有三，立身为大！

下一讲，我们要讲，孝出于爱。

第十一讲 一个讲道理，一个讲感情

大家好，我是鲍鹏山，我们一起接着读《论语》。

上一讲我们讲了孝顺有三，立身为大。

◎三年无改于父之道

在《论语》的第一篇第十一章，关于孝顺，孔子还有这样一句话：

1.11　子曰："父在观其志，父没观其行。三年无改于父之道，可谓孝矣。"（《论语·学而》）

孔子的意思是说，我们观察一个人，当他的父亲还在的时候，因为他不能自作主张，我们就要考察他的志向和愿望。当他的父亲去世以后，他就有了行动的自主权，那我们就要看他的行为。如果他能够长期不改他父亲在世时的为人处事的准则，他就可以算是一个孝子。

孔子说观察一个人，“父在观其志，父没观其行”。“观其志，观其行”，就是说一个孝子要行为端正、思想正直。做好人、做好事是孝子的一个必要条件。这个道理，我们上一讲已经讲过了。

但是，在这一章里面，孔子还讲到了这么一句“三年无改于父之道，可谓孝矣”。

“三年无改于父之道”，为什么是孝呢？现在有很多人都不大理解这一句话，比如说，在20世纪鲁迅先生就曾经写文章批评过“三年无改于父之道”。

鲁迅说：“‘三年无改于父之道，可谓孝矣’，当然是曲说，是退婴的病根。假使古代的单细胞动物，也遵着这教训，那便永远不敢分裂繁复，世界上再也不会有人类了。”（《我们现在怎样做父亲》）

人类总须不断革新，才会进步。一个民族如此，一个人也如此。鲁迅先生的话当然是不错的，尤其是在他的那个时代，他说这句话是针对那个时候的保守势力。历史上，孔子的这句话也确实成为一些人维护旧传统反对变革的理由。但是，就孔子本人而言，他此处只是在说一个儿子对于去世父亲的感情问题，在孔子的观念里，孝顺、家庭和睦，比发展进步更值得我们珍重。或者说，当两者发生冲突的时候，他选择亲情。

毕竟，一切发展、进步，都是以幸福和谐为目标，都是以人性的善良和仁爱为基础。

对死去父亲的尊敬，并由此引起的对父亲生前之道的维护，正是人性中柔软温馨一面的表现，它也许不够功利，但是却有其价值。你看，孔子更多是从感情和亲情的角度，来讲孝顺。

◎养心

在《论语》第二篇，孟懿子、孟武伯问孝之后，接下来又有两章孔子的学生问孝，这两位同学，一个是子游，一个是子夏。

2.7　子游问孝，子曰："今之孝者，是谓能养。至于犬马，皆能有养，不敬，何以别乎？"（《论语·为政》）

子游同学问孔子孝顺父母的道理。孔子说："现在的人认为能够养活父母就算是孝了。但是，如果说能养活就算是孝，那么，家里的犬、马，你也都能去养活它。如果对父母没有敬意，那么，你供养父母，同饲养犬、马有什么区别呢？"

2.8　子夏问孝，子曰："色难。有事，弟子服其劳；有酒食，先生馔，曾是以为孝乎？"（《论语·为政》）

子夏同学问孔子孝顺父母的道理。孔子说："子女在父母面前，经常保持愉悦的脸色是件难事。遇事晚辈效劳；有酒饭，给年长的吃喝，难道这就算孝顺吗？"

孔子对这两个同学的回答，有两个关键字，一个是"敬"，一个是"色"。要对父母有敬意，在父母面前经常保持愉悦的脸色，就是说不给父母拉脸。

养父母，特别要注意一个"敬"字。

现在，全国有很多养老院，还有些地方叫敬老院。哪个叫法好？

我觉得叫敬老院比较好。

我们再讲一个曾子的故事。

根据孟子的记载，曾参同学奉养他的父亲曾皙，每餐一定有酒肉，并且数量足够。吃过饭以后，要收拾桌子的时候，曾参也一定会向他父亲请示：“父亲，你没吃完的送给谁吃啊?”父亲如果问家里还有没有剩余的，曾参同学一定会回答说：“有。”

后来，曾参老了，曾参的儿子曾元来奉养他，每餐也一定有酒肉；但是吃过饭要收拾桌子的时候，就不再向他父亲请示吃剩的送给谁了；曾参要是问家里还有没有剩余的，曾元担心父亲要把剩饭送给别人，于是，便会回答说：“没有了。”为什么这么回答呢？曾元是为了留着下次再用。

> 曾子养曾皙，必有酒肉；将彻，必请所与；问有余，必曰，“有。”曾皙死，曾元养曾子，必有酒肉，将彻，不请所与；问有余，曰，“亡矣。”将以复进也。此所谓养口体者也。若曾子，则可谓养志也。事亲若曾子者，可也。”（《孟子·离娄章句上》）

我们做一个比较，曾参孝顺父亲曾皙，和曾元孝敬父亲曾参，有什么区别?

曾参那是养父亲的心，曾元只是养父亲的胃。曾参尊重父亲的意志和心愿。虽然父亲老了，没有能力了，但是父亲也有他关心的人、爱护的人，曾参随着父亲的心愿，让父亲能把酒肉送给他关爱的人，所以，这样的孝顺，是在孝顺父亲的心。曾元呢，只能叫作养父母的胃，不能再照顾到年老的父亲的意愿了。

所以，曾参孝顺而有敬，懂得尊重和帮助老人实现意愿。而曾元孝顺却没有了敬。

“敬”最重要的体现，就是“色”，就是对父母的那种愉悦的脸色。所以孔子对子夏感叹，“色难”！

为什么色难？在礼节或者一般社会规范、风俗习惯的约束下，人们在外在的行为上，大体应该说可以做到让父母不至于挨饿，有事帮着做，有酒食也能先让年长者吃。但如果这一切都是出自对外在规范的被动服从，而不是出自内心的真诚情感，在脸色上就不大自然与愉悦。

而在孔子看来，孝顺是出自人的自然本真的情感，这样的孝顺，也才能让父母真正感受到来自子女的爱。所以，孔子是从我们心中的自我情感出发来阐释孝顺的，也就是说，对父母的孝顺，乃是出于我们对父母的感情。

◎孔子语塞

我们再讲一下孔子和宰我同学之间的一次谈话。来看一看这个问题：

17.21　宰我问：“三年之丧，期已久矣。君子三年不为礼，礼必坏；三年不为乐，乐必崩。旧谷既没，新谷既升，钻燧改火，期可已矣。”子曰：“食夫稻，衣夫锦，于女安乎？”曰：“安。”“女安，

则为之！夫君子之居丧，食旨不甘，闻乐不乐，居处不安，故不为也。今女安，则为之！”宰我出。子曰：“予之不仁也！子生三年，然后免于父母之怀。夫三年之丧，天下之通丧也。予也有三年之爱于其父母乎？”（《论语·阳货》）

这一段比较长，它主要是记录了孔子和他的学生宰我之间的对话，宰我问了孔子一个问题，他说：“父母亲去世，守丧三年，为期也未免太长了。守丧三年，如果是君子贵族，三年不讲习礼仪，礼仪必然荒废；三年不演奏音乐，音乐必然生疏。”

他觉得一年也就差不多了，为什么呢？“因为一年，旧谷子已吃完，新谷子已上场，取火用的木料也都轮了一遍，一个周期过去了，一切可以重新开始。”所以，宰我认为丧期一年，就可以结束了。

可是孔子问他：“你父母去世还不满三年，你便吃白米饭，穿锦绸缎，你心安吗？”宰我说：“心安。”孔子说：“你心安，你就这样做吧！君子为什么守孝？君子守孝是因为吃美味不觉得香甜，听音乐不觉得快乐，住好房子不觉得安适，所以才不会去那样做。如今你心安，那你就去做吧！”

孔子发脾气了，宰我就赶紧出去了。孔子为什么这么生气？我们看孔子怎么说的。孔子说：“宰我不仁啊！孩子生下三年之后，才能够脱离父母的怀抱。为父母守孝三年，那是天下通行的丧礼。像宰予这样，他会有三年的爱心报答他的父母吗？”

你看，孔子和宰我争论的不同点在哪里？宰我在讲道理，孔子在讲感情！在孔子看来，对父母的孝，没什么道理可讲，因为它是我们自我感情的需要！

讲到这里，我来读一篇歌咏父母的诗，这首诗出自《诗经·小雅·蓼莪》。

父兮生我，

母兮鞠我。

拊我畜我，

长我育我，

顾我复我，

出入腹我。

欲报之德，

昊天罔极！

我把它翻译一下："父亲啊，养活了我，母亲啊，抚育了我。抚爱我啊，养护我，喂大我啊，育成我，照顾我啊，拉扯我，出门进门抱着我。我想报答这恩情，父母恩情比天大！"

这是两千多年以前近三千年以前，一位古代诗人写的对父母的感情，到今天我们读起来，还是那样的感同身受。

今天我们讲了孔子教弟子孝顺父母时，要有敬意，在父母的面前，经常保持愉悦的脸色。还有，孝顺父母是出于我们对父母的爱。

现在我留两个问题：你们孝顺自己的父母吗？你们能在父母的面前保持愉悦的脸色吗？

第十二讲 到底有没有鬼？

大家好，我是鲍鹏山，我们一起接着读《论语》。

上一讲，我们讲到了一个很关键的问题，就是“孝出于爱”。

孝顺父母，当然是一种责任，但究其根本，还是出于父母子女之间的血缘之爱，以及父母长期抚养关照孩子并且一起生活而滋生出来的爱。

所以，当宰我同学要和孔子老师讨论，需不需要服“三年之丧”，孔子很生气，因为在孔子看来，这没什么道理好讲，这就是发自内心的感情。他只问宰我同学一个问题：在父母去世的三年时间里，面对空空的房子，父母音容宛在而人已不见，你吃着精细粮，穿着锦绣衣，心安吗？没想到宰我同学死心眼，竟然回答“心安”，弄得孔子十分恼火。

孔子本来的想法是宰我一定会回答，心不安，然后孔子就会顺水推舟给他一个启发，三年之丧，对人来说，不是身体的受苦，也不是事业的荒废，而是我们内心的需要，我们需要用这种状态来慢慢修复内心的创伤。但宰我竟然回答心安，弄得孔子一时语塞，几乎不知道说什么，只好说："你心安，你就去做吧！"

在孔子看来，宰我这样的人，内心缺少正常人的感情，是典型的麻木不仁之人。

那么，这么说来，孔子有关孝顺的思想，是不是只考虑感情，没有理性考虑呢？还真不是。

◎有鬼没鬼

我来说一个故事。在《孔子家语·致思》里，写到了孔子和子贡之间的对话。子贡问了孔子一个问题，这个问题几乎所有人都关心，这个问题是："人死了以后，到底还有没有知觉？"换一句话说，人死了，会不会变成鬼？到底有没有鬼？

孔子听了子贡这个问题以后，说："这叫我怎么说呢？我真不好说。我要说人死了后有知觉，担心孝子顺孙为了给死去的父母备办丰厚的陪葬而影响了他们自己的生活；可是，我要说人死了没有知觉，又担心子女会随便丢弃父母遗体而不加好好安葬。所以，我怎么说好呢？"

子贡问于孔子曰："死者有知乎？将无知乎？"子曰：

“吾欲言死之有知，将恐孝子顺孙妨生以送死；吾欲言死之无知，将恐不孝之子弃其亲而不葬。赐不欲知死者有知与无知，非今之急，后自知之。”

说到这里，我停一下，我要让大家想一想：在孔子的内心，他到底相不相信人死有知？我的意见是：孔子并不相信死去的人真有知觉，人死了以后真会有鬼。为什么？

很简单，如果孔子真相信死人有知，那死人在某种意义上就值得关怀，就有伦理学上的被关心的权利，有活人一样的权利。如果是这样，他就不会说这个问题不好说。相反，无论从事实的角度，还是从伦理学价值的角度，他都必须明确告知子贡，也告知世人，死者有知。所以，当他说这种事不能说的时候，其实，他是说死者有知，不是一个事实。也就是说，人死了以后没有知觉，也不会有鬼。

于是，孔子对于子贡这个问题的回答，他考虑的是价值问题，而不是事实问题。

什么叫价值问题，什么叫事实问题呢？

判断一件事情，你有没有能力去做，这个叫事实判断。判断一件事情，你该不该去做，叫价值判断。举个例子，假如你是士兵，你判断自己有没有能力射中一个人，这叫事实判断。但是，你该不该，有没有权力去射杀那个人，这就需要价值判断。

我们回头再来看看，在孔子对子贡同学的回答里，孔子很矛盾，很为难。他担心的是什么呢？其实，孔子不是担心死去的人，他是担心活着的人。他担心活人的两个问题。第一，生计问题。不能因为丧事办得铺张，使生活变坏。第二，德性问题。不能因为丧事办得草率，使德性变坏。

◎始于孝

丧事铺张，大操大办，会浪费财物影响生活，我们可以理解。丧事草率，敷衍了事，怎么就会让人德性变坏了呢？这就要讲到第一篇里的第九章了：

1.9　曾子曰："慎终追远，民德归厚矣。"（《论语·学而》）

曾子的意思就是："慎重地对待父母丧葬之事，不断地追念祖先，这样做，老百姓的德行就会归于仁厚了。"

在儒家看来，好好地为父母办丧事，并且虔诚地、不断地追念自己的祖先，是孝道的重要部分。抓住了这个重要的环节，通过丧葬仪式的不断强化，孝道就会深入人心，人民的道德水平就会提高。

《孝经·开宗明义章第一》里，孔子就这样教导曾参同学："夫孝，德之本也，教之所由生也。"

孔子的意思是，孝道，是一个人道德的根本，人间的教化都是由此而产生的。

曾参就忍不住发问了："我很冒昧地请问老师，圣人的德行里就没有比孝道更大的了吗？"孔子说："天地万物之中，人类最为珍贵的就是孝道，人类的行为里没有比孝道更大的了。"

还记得吗？我们讲到《论语》的第一篇第二章时，有若同学的

话，有子曰：“……孝弟也者，其为仁之本与?”（《论语·学而》）在有子看来，孝顺父母，顺从兄长，那也是人的根本。

孔子也好，他的学生有子也罢，都认为孝顺是一个人德行之本，是为人之本。为什么这样呢?

◎人类文明的起源

我们看看孟子讲的一个故事。

孟子假设了这样的一个场景：在远古时期，人类并无礼仪，也没有文明，有个人他的父母死了，他就把父母抬着，扔到了山沟里。在那时，好像也没有什么不正常。人死了，我们就可以这样把他草草地扔掉，这是野蛮时代的观念。文明是什么时候出现的呢？人类从什么时候开始不这么干了呢?

我们来接着看看孟子讲的这个有点毛骨悚然的故事。这个人，把父母的尸体扔到了山沟里。过了些日子，这个人从扔掉父母尸体的地方经过，他突然看到狐狸在啃父母的尸体，蚊蝇也在叮咬父母的尸体。不知为什么，他的额头上开始冒汗，眼睛斜着看，不敢正视这种场景。为什么他的额头冒汗了呢？为什么他的眼睛不敢看了呢？他内心的某种东西苏醒了。

于是，他赶紧回家取来筐和锹，把父母的尸体掩埋起来。这种苏醒，就是人类文明的苏醒。问题是：这种苏醒的原始的能量来自什么地方?

> 盖上世尝有不葬其亲者，其亲死，则举而委之于壑。他日过之，狐狸食之，蝇蚋（ruì）姑（gǔ）嘬（zuō）之。其颡（sǎng）有泚（cǐ），睨（nì）而不视。夫泚也，非为人泚，中心达于面目，盖归反虆（léi）梩而掩之。（《孟子·滕文公上》）

我们假设一下，如果这个人看到的是狐狸、蚊蝇啃食叮咬一个老死的大象尸体，他会出汗吗？会不忍心看吗？甚至，他看到的是狐狸、蚊蝇啃食叮咬一个他不认识的人，他内心是不是也不会如此震动，如此羞愧难当？

孟子到底在说什么呢？他在说人类文明的起源！他在说人类伦理道德的起源！起源于哪里？起源于人心中让人汗颜的东西！起源于人类对自己父母的那一份特殊感情！

实际上，孟子在讲这个故事前，它有一个前提："且天之生物也，使之一本。"（《孟子·滕文公上》）也就是说，上天让我们所有人都只有一个来源，就是我们的父母。同样，上天让我们的道德也只有一个来源，就是我们对父母的感情！

让这个人在父母的遗体前汗颜羞愧的东西，是什么？孟子告诉我们，就是人类本性中的恻隐之心、羞恶之心！

如果能够汗颜，能够羞愧，能够像远古时期那个人一样，拿着锹和筐，回去掩埋父母的遗体，修正自己的错误，不就是"慎终追远，民德归厚"了吗？不就是从这一刻开始，人民的德性变得淳厚了吗，人类的文明之光就出现了吗？

今天我们讲了孔子对于孝顺的理性思考。这接连几讲，我们都是从有子的一番有关孝悌的话引出的，但是有子的话，也有一个很大的问题，什么问题呢？我们下一节课再说。

第十三讲 犯颜直谏

大家好，我是鲍鹏山，我们一起接着读《论语》。

上面接连四讲，我们其实都是从有子的一番有关孝悌的话引出。有子说“孝弟也者，其为仁之本与”，孝顺父母，尊重兄长，就是人的根本。这话说得真好。孝悌确实是我们走出家庭走向社会面向更大的世界之前的心性训练和心智养成。

◎ 子贡考砸了

但是，有子这段话里也有一个问题，很大的问题。什么问题呢？

有子明白，孝悌是为人之本，这个思想当然是很像孔子。但是有子又说，孝悌了就不好犯上了，不好犯上就不会作乱了，这话就有一点不像孔子教的了，为什么？

我们说人要恭敬，要诚实，要做守法的、有德的、有纪律的好人，这当然是正确的，没有问题。人不要作乱，这个原则上也不错。但是，绝对地说一个人不准犯上，不能犯上，就有问题了。因为，我们的“上”也可能有错。

在生活中，总有上下的关系。家里的父母兄长，学校里的班长甚至老师，工作以后单位的领导，都是在一定的范围内主导我们，引领我们的“上”。相对于我们，他们都拥有某种权力。如果绝对地说不准犯上，到最后我们有可能就不再是坚持真理，而是服从权势了。

我们前面讲过，孔子回答孟懿子和樊迟的问题时，说，“无违”，不是不违父母，而是不违礼。

父母和上级也有不对的时候，哪能永远不违背呢？永远不违背父母，父母错了你也跟着错，你还有独立判断吗？上级错了你也跟着错，你还能坚持真理吗？

所以，在孔子看来，侍奉父母也好，不违背上级也好，总之要事之以礼，事之以义，而不是一味地无原则顺从。这不仅是对自己人格的坚持，也是对父母、对我们上级的一种尊重。

荀子讲了这么一个故事。鲁哀公有一次问孔子说：“儿子服从父亲的命令，就是孝顺吗？臣子服从君主的命令，就是忠贞吗？”这个问题问了三次，孔子不回答。

为什么孔子不回答？其实不回答也是一种回答。孔子实际上是懒得理你。你自己一边想去。随后孔子小步快走出来了。

出来后，子贡同学在那儿等着，孔子就把这件事告诉了子贡同学，说：“刚才，国君问我：‘儿子服从父亲的命令，是孝顺吗？臣子服从君主的命令，是忠贞吗？’他把这个问题问了三次，而我不回答，现在我把这个问题拿来考考你，你是怎样认为的？”这是出题考子贡！

孔子那个时候，没有我们今天的期中考期末考，但是，却是随时考。学习总得要有考试，没有考试，我们怎么能知道你的成绩是多少？你到底明白了什么，学了什么，懂了什么呢？我们看看子贡这个孔子门下聪明绝顶的同学是如何应对孔子临时给他出的这道考题的。

子贡说：“儿子服从父亲的命令，当然就是孝顺了；臣子服从君主的命令，当然就是忠贞了。老师您还有什么别的答案吗？”

孔子一听，十分生气，说：“你真是个小人！你真是不通！一个大国，如果有四个敢于直言相谏的大臣，国家的疆界就不会被割削；一个小国，如果有三个敢于直言相谏的大臣，国家的政权就不会有危险；一个大夫之家，如果有两个敢于直言相谏的大臣，宗庙就不会毁灭。如果父亲有敢于直言相谏的儿子，就不会做不合礼制的事；读书人如果有直言相谏的朋友，就不会做不合道义的事。所以，儿子一味听从父亲，怎能说这儿子是孝顺？臣子一味听从君主，怎能说这臣子是忠贞？你得弄清楚了什么时候该听从，什么时候不该听从，这才叫孝顺、这才叫忠贞！”

鲁哀公问于孔子曰：“子从父命，孝乎？臣从君命，贞乎？”三问，孔子不对。

孔子趋出，以语子贡。曰：“乡者，君问丘也，曰：‘子从父命，孝乎？臣从君命，贞乎？’三问，而丘不对。赐以为何如？”

子贡曰：“子从父命，孝矣；臣从君命，贞矣。夫子有奚对焉？”

孔子曰：“小人哉！赐不识也！昔，万乘之国，有争臣四人，则封疆不削；千乘之国，有争臣三人，则社稷不危；百乘之家，有争臣二人，则宗庙不毁；父有争子，不行无礼；士有争友，不为不义。故，子从父，奚子孝？臣从君，奚臣贞？审其所以从之之谓孝，之谓贞也。”（《荀子·子道》）

孔子说得很明白，如果一律规定下不得犯上，结果是什么？是四个字：国破家亡！臣不敢犯君，国破；子不敢犯父，家亡；朋友之间不敢犯颜直谏，那就会做错事没人阻止！

看来，子贡这一次考试成绩不理想啊！其实啊，这样的考试，像子贡一样做出不理想答案的，还不止子贡一个人。连曾参同学都一样做出了错误的回答。

我们再来看看孔子和曾参同学的一次对话，这次对话记载在《孝经》里，它和孔老师与子贡同学的谈话非常相似。

曾参同学有一天跟孔子说：“老师，我想再冒昧地问一下，做儿子的遵从父亲的命令，就可称得上是孝顺了吗？”

孔子说：“这是什么话！这是什么话？！从前，天子身边有七个直言相谏的诤臣，纵使天子昏庸无道，他也不会失去天下；诸侯身边有直言相谏的诤臣五人，即便自己昏庸无道，也不会失去他的地盘；卿大夫有三位直言劝谏的臣属，即使他昏庸无道，也不会失去自己的家园。士人身边有直言相劝的朋友，就会终生有美好的名声。当父亲的有敢于直言力争的儿子，父亲就不会陷于不义之中。因此，在面对不义的时候，做儿子的不可以不极力地劝阻父亲；做臣子的不可以不直言相谏君上。所以面对不义的父亲和国君，一定要直言劝阻。如果只是一味地遵从父亲的命令，又怎么称得上是孝顺呢？”

> 曾子曰：“……敢问子从父之令，可谓孝乎？”子曰：“是何言与，是何言与！昔者天子有争臣七人，虽无道，不失其天下；诸侯有争臣五人，虽无道，不失其国；大夫有争臣三人，虽无道，不失其家；士有争友，则终身不离于令名；父有争子，则身不陷于不义。故当不义，则子不可以不争于父；臣不可以不争于君；故当不义则争之。从父之令，又焉得为孝乎？”（《孝经·谏争章》）

讲到这里，你就会发现，孔子和有子对于“犯上”这件事，他们的观点是不同的。有子的这段话，可以概括出一个成语，犯上作乱。在这个词里，“作乱”固然是不可以，但是，如果绝对不允许“犯上”，就会演变为“权力意志”，人们就不再去服从真理，而是服从权势。

所以，孟子说“有子之言似孔子”，孟子说这个话也是留有分寸的，什么叫“有子之言似孔子”呢？似孔子毕竟不是孔子，有子的话还是有不够周到的地方，这是我们读《论语》时一定要注意的。

◎犯颜直谏

《论语》中不是每句话都是对的，不过，《论语》的好处，在于它有一个自我的内部平衡。我们往下面读，就会读到这样的句子：

14.22　子路问事君，子曰："勿欺也，而犯之。"（《论语·宪问》）

子路问孔子，说："老师啊，您教导教导我怎么样去服侍君主？"孔子回答说："不要欺骗他，如果他错了，那就犯颜直谏。"

这就是孔子对有子"不犯上"论的纠正。所以，读《论语》这样的经典，要全本读！

现在大家已经知道了，在有些情况下是可以犯上的。那么在什么情况下可以犯上呢？战国时候有一个大学者荀子，他就给我们指出了几种分辨的办法。他说，在三种情况下，儿子可以不服从父母。

第一，服从命令，父母亲就会危险；而不服从命令，父母亲就安全，这个时候怎么办？儿子不服从命令就是忠诚。

第二，服从命令，父母亲就会受到耻辱，不服从命令，父母亲反而会得到光荣，那么孝子不服从命令就是奉行道义。

第三，服从命令，就会使自己行同禽兽，不服从命令，才会使自己行为端正，那么孝子不服从命令，而是做好自己。

所以，荀子说，可以服从而不服从，这是不尽孝子之道；不可以服从而服从，这恰恰是不忠于父母。

孝子所以不从命有三：从命则亲危，不从命则亲安，孝子不从命乃衷；从命则亲辱，不从命则亲荣，孝子不从命乃义；从命则禽兽，不从命则修饰，孝子不从命乃敬。故可以从而不从，是不子也；未可以从而从，是不衷也。（《荀子·子道》）

在这一讲，我们讲了一个大问题，这也是一个比较有难度的问题。最后，我还是用荀子的话来结束！

《荀子·子道》云："入孝出弟，人之小行也；上顺下笃，人之中行也；从道不从君，从义不从父，人之大行也！"

这段话，荀子把人的行为分为"小行""中行"和"大行"，所谓的"小行"就是在家孝敬父母，在外敬爱兄长，这是做人最起码的道德操守；所谓"中行"就是对上顺从，对下厚道，这是做人中等的道德操守；什么叫"人之大行"呢？就是从道不从君，从义不从父。这话的意思是这样，如果君父的行为合乎道义，我们当然可以顺从君父，但是如果君父的行为违背道义怎么办？那就"从道不从君，从义不从父"。这是人生最大的原则。

第十四讲

花言巧语非君子

大家好，我是鲍鹏山，我们一起接着读《论语》。

我们前面用十几讲的课程，讲了《论语》第一篇的前两章。当然，我们是结合全部《论语》来讲的，把《论语》后面的相关内容一起拿过来，作为一个一个专题来讲的，我们之所以这样做，是为了有助于大家全面了解《论语》的思想内容。同时，我们还把诸如《孟子》《荀子》《孝经》等等相关典籍的内容也一起拿来，作为辅证，使大家能更深刻全面地理解中国文化。

◎巧言令色

今天，我们就来讲 1. 3：

1.3　子曰："巧言令色，鲜矣仁。"（《论语·学而》）

我要把它翻译一下："孔子说：'满口说着让人喜欢的话，满脸装着使人喜欢的面色，这种人的仁德就很少了。'"

但是，有的时候我还是不愿意做太多的翻译。为什么呢？因为我们读《论语》，我还是希望大家能就此记住原文，不要记住白话翻译的句子。

记住这样的话，写文章，随时引用，文章就有文气了，就典雅了，典雅是中国古代文章的最高境界。在生活中碰到类似场景，如果你能随口说出来，别人就会觉得你既含蓄又有文化。所以，还是多记一些原文吧。

我刚才讲了，孔子反对巧言令色。孔子虽然反对巧言令色，但他很注意表达的技巧和做人的气质，比如说《左传·襄公二十五年》就记载了孔子的话："言之无文，行而不远。"什么意思呢？

意思是一个人说话，老是大白话，没有文雅、没有文采、没有加以修饰，你说出去的话，就没多少人听！就不会传递得很远。

有一天，孔子教他的儿子一定要读《诗经》，为什么呢？

孔子说："不学《诗》，无以言。"（《论语·季氏》）

孔子是说，不学《诗经》就不会说话吗？哪个孩子学说话是从《诗经》开始的？显然不是，孔子的意思是：不学诗，不读《诗经》，你就不会文雅地说话，你就说不出文雅的话，你就不能和文雅的人说话，你就不能在文雅的地方说话。所以，要文雅地说话，还是真的要去读一些古籍。

我们一边说“巧言令色，鲜矣仁”，一边倒要求说话一定要有讲究。没错，这两者并不矛盾。

我们现在可以稍微解释一下。

“令色”，谄媚的脸色。“令”，本指美好，如称人之父母曰令尊、令堂，称人之子女曰令郎、令媛。既然令堂、令尊是美好，令郎、令媛是美好，“令色”为什么就不好呢?

很简单啊！令色只是脸色好，说明其他不好！故意摆出一副讨好的脸色，说明：一、不自信，不然为何要满脸堆笑讨好他人？二、不真诚。不然为何要用巧伪的脸色遮掩？遮遮掩掩要不就不自信，要不就不真诚。不自信，如何仁？不真诚，哪有仁？所以，“巧言令色，鲜矣仁”。

与这一章内容相关的，还有第十五篇里的第二十七章：

15.27　子曰：“巧言乱德。小不忍则乱大谋。”（《论语·卫灵公》）

翻译一下，意思是：“花言巧语会败坏道德。小事不能忍耐就会坏了大事。”

我先说一下“小不忍则乱大谋”，好多人都理解“小不忍则乱大谋”是为了掩饰自己的真实意图，隐忍不发。如果这样理解，就是老子式的迷惑对手的人生制胜谋略，就是阴谋论了。

孔子不是老子，孔子是光明正大的，孔子才不屑于掩藏自己。孔子的意思是指：一个人，若不能忍受生活中的烦恼和工作中的困难，就不可能实现人生的目标。比如，如果我们连做作业这样的困难都不能克服，都不能忍受，我们还谈什么将来有一番作为，谈什么爱国爱民？如果我们连玩游戏、睡懒觉这样的小毛病都改不了，我们怎么能够做大事？这才是孔子讲的“小不忍则乱大谋”的意思，人生的很多失败都是由于我们不能改变我们小小的缺点。

再说说“巧言乱德”。这句话算是对“巧言”的一种罪行指控，巧言的罪行就是：“乱德”。

◎反对子羔做县长

孔子对“巧言”，也就是对能说会道特别反感，他特别警惕“巧言”对德行的破坏。为什么“巧言乱德”呢？我来举一个例子。

11.25　子路使子羔为费宰。子曰：“贼夫人之子。”子路曰：“有民人焉，有社稷焉，何必读书，然后为学？”子曰：“是故恶夫佞者。”（《论语·先进》）

子路叫子羔去做费县县长。我顺便说明一下，这个费县当时读作费（bì）县，今天我们已经都读费县了，也给大家减轻一些学习上的负担。子路叫子羔去做费县县长，孔子认为子羔年轻，学业未成，让他从政，无异于害他，就说：“你这样做是害了人家的孩子！”

可是子路不服，还强词夺理说：“那地方有人民，有社稷，何必一定要读书，然后才算是做学问呢？他可以一边干一边学。”孔子气坏了，骂子路说：“看你的样子，就知道我为什么讨厌巧言狡辩的人！”

我们来说一下为什么孔子对于子羔去做县长那么反对。子羔，就是高柴，子羔是他的字，也是孔子的学生，子路的小学弟。《史记》的记载，是这样的：

> 高柴字子羔。少孔子三十岁。
>
> 子羔长不盈五尺，受业孔子，孔子以为愚。

我们来看看，“长不盈五尺”，这也太矮了，《论语》8.6 记有曾参的话，说，假如一个人能够“托六尺之孤”，“寄百里之命”，就是一个君子。什么叫“六尺之孤”？就是没有长大的孩子！没有长大的孩子就有六尺的身高，这个高柴还不盈五尺，他怎么能够去做县长呢？

古代的“尺”比咱们现在的短，西汉一尺是 23.1 厘米，身长“六尺”，合现在 138.6 厘米，是一个孩子的身高。也就是说高柴的身高不到 115 厘米。这哪里是可以做县长的样子？让他去做报告连主席台都够不着。我们综合地看一看这个高柴。

第一，他年龄小，比孔子小 30 岁，那也就比子路小 21 岁，甚至还有说比孔子小 40 岁的，那就比子路小 31 岁。此时的子路做着季氏家里的大总管，能够有权力任命高柴做费县县长。他 43 岁左右，高柴 20 岁出头。所以孔子说“贼夫人之子”，意思就是说，那还是个孩子，你这是害了人家的孩子。

第二，身高太矮。

第三，很笨。为什么呢？“孔子以为愚”，在《论语·先进》里也记着“柴也愚”。

第四，长得丑。后来给《史记》做索引的一个大学者叫司马贞，司马贞还在《史记》的后面做了这么一个“注”，说高柴状貌甚恶，就是说高柴这个人长得很丑。

你看，年龄小，个子矮，又很笨，还很丑，这样的人，子路直接让他去做县长了。这是不是有点莽撞？有点不负责任？有点任人唯亲？

孔子批评子路：“小子，高柴读书不多，又丑又矮还有一点傻，你就让他去当县长，你这样干，不是帮他，是害了这个孩子！”可是子路怎么说？子路说：“何必一定要读那么多书？那地方有人民，有社稷，他可以一边干一边学！”

没学好就当官，这本来就是错的，孔子说：“选拔官员，如果是他，一定选择先学好礼乐的人。”（“先进于礼乐。”《论语·先进》）但是子路还强词夺理说，到实践中学，边干边学。

你是不是也觉得他讲得有点道理？把没有道理的东西讲得有一点道理，这就叫“巧言”。“巧言”就是看起来有道理的语言，但是却又是文不对题的，是用语言扭曲现实。

解释一下什么叫“巧言乱德”，从子路这段“巧言”来看看。

第一，正因为他善巧言，他不仅拒谏饰非，甚至自己都相信了：是啊，何必读书？实践中自可增长才干！实践中当然可以增长才干，但这与一个人在走上岗位之前必须有相关的学习和资质，是两码事。不可混为一谈。

第二，一个没读好书的，年纪轻轻的，像个孩子一样的，还长得丑的人，就这样去费县做县长了，还说什么“有民人焉，有社稷焉”，难道那里的老百姓活该被当作一个实习生的试验品吗？那里的社稷就是儿戏吗？

本来，子路没这么糊涂。但是，他做了一件错事，让高柴去做官，孔子反对。子路本来就自负，此时做鲁国的季氏宰，动用自己的权力，安排同学做官，没想到老师不但不表扬他解决了同学的就业问题，关心同学，还被老师批评为不但不是帮人，还是害人。于是子路就不服气，随口就为自己辩解几句，并且还暗中批评老师过分强调书本知识而轻视实践。到最后，本来不错的子路，也变得胡搅蛮缠了，“巧言乱德”啊！

司马迁在《史记·殷本纪》中，曾经这样评价纣王：“知足以距谏，言足以饰非。”就是这一类人，都不笨，但是却又最笨。为什么呢？因为他们把聪明用到了拒绝别人的劝告和掩盖自己的错误上了。本来不笨的人，为什么变成最笨的？就是因为“巧言乱德”。他的伶牙俐齿，让他挡住了外来的忠言和提醒。

所以，善于说话，是一个优点。但是，有时候，巧言如簧，不但会抗拒他人，也会蒙蔽自己。不但会伤害他人的面子，还会伤害自己的德性。

老子曾经说，“多言数穷，不如守中”（《道德经》）。意思就是，话说多了，连自己都忘记本心了，忘记自己为什么说话了。孔子怎么说的？忘记本心本性就叫乱德。乱德，就是乱了自家的方寸。

第十五讲 文质彬彬境界高

大家好，我是鲍鹏山，我们一起接着读《论语》。

上一讲我们讲了《论语》1.3 的“子曰：‘巧言令色，鲜矣仁’”。

我们把 15.27 和 11.25 放到一起，说明了为什么孔子对巧言那么不喜欢，那么不放心。说起来，其实很简单，这个世界上，嘴上说得漂亮的人，往往做事做人不漂亮，甚至很丑。说得花好稻好的人，其实人不怎么样。孔子见得多了，他身边的学生里，就有这样的。比如，他特别不喜欢的宰予。

◎ 朽木不可雕

宰予，姒姓，宰氏名予，字子我，又称宰我。这名字是不是有点怪？他对人自称，称名，就是宰予，意思就是拜托你，宰了我。别人喊他，用敬称，称字，是宰我，就是宰予先生来吧，来宰了我。

开个玩笑，其实这个宰，不是宰杀的意思，是主宰的意思。宰相的宰，也是主宰的意思！国家大事，由国相来主宰，所以叫宰相。你说国家大事，不是皇帝做主吗？怎么国相主宰了呢？我告诉你，以前还真不是这样。皇帝相当于国家的董事长，宰相是国家的总经理，日常的事务管理，还是宰相说了算。

当然，后来明朝的朱元璋就觉得，我老朱家打下的江山，怎么能够让一个外来的宰相主宰了去？于是，干脆不要宰相了。从此，明清两代，中国就都没有宰相了，皇帝的权力就大多了。

说了这些，我们再回头来看宰予。其实，他的名字很现代，那就是“主宰自己”！这个人，确实有自己的独立思考，《论语》里，他问的问题，都比较怪，比较别出心裁，都不依套路，所以常常惹得孔子生气。不过，他可是善于说话的人，口才好。

孔子教学有四科，德行、言语、政事、文学。宰予位列言语科的第一名。你知道第二名是谁吗？子贡。

子贡可是赫赫有名的外交家，言语大师啊！子贡在宰予面前，都甘拜下风。《史记·仲尼弟子列传》说宰予的时候，是“利口辩辞”，说子贡的时候，是“利口巧辞”。一字之差，大概是指宰予更善于与人辩论，而子贡呢，是说话很有技巧。

但是，宰予这个言语如此厉害的人，虽然孔子把他列入孔门“四科十哲”，但是孔子其实并不怎么喜欢他。为什么呢？就是言语过于厉害。

5.10　宰予昼寝。子曰：“朽木不可雕也，粪土之墙不可杇也。于予与何诛？”子曰：“始吾于人也，听其言而信其行。今吾于人也，听其言而观其行。于予与改是。”（《论语·公冶长》）

宰予有一天一不小心就睡了回懒觉，孔子知道了。孔子说：“腐朽的木头不能够再雕刻，落满浮土的墙壁也没办法粉刷。对于宰予这样的人，我还能用什么样的话批评他呢？批评他又有什么用呢？”这个话说完了孔子还不解恨，又说了一番话，他说：“我这个人对于别人，原来是听了他的话便相信他的行为。现在，我变了，我对于人，是听了他的话还要观察他的行为。是宰予这小子让我改变了观察人的方法！”你看，孔子这个批评实在是太严厉了。

《史记·仲尼弟子列传》还记载了孔子这样说宰予：“吾以言取人，失之宰予。”看到了吗？正是宰予这个人，让孔子对讲话好听的人，不再信任。

宰我问五帝之德，子曰：“予非其人也。”（《孔子家语·五帝德》）

有一天，宰我问了孔子一个问题，想知道古代传说中的五帝之德，孔子竟然说：“凭你的水平，哪里可以问五帝的事。”孔子就用这样的口气打击他。

◎对口才过敏

讲完宰予，我们再讲孔子的另外一个学生冉雍。姓冉，名雍，字仲弓，他跟宰予不一样，宰予口才好，这个冉雍偏偏是一个口才不好的人。

我们来看看孔子对于这个口才不好的人是什么看法呢？

5.5　或曰：“雍也仁而不佞。”子曰：“焉用佞？御人以口给，屡憎于人。不知其仁，焉用佞？”（《论语·公冶长》）

有人对孔子说：“你的学生冉雍，有仁德，可惜没口才。”孔子说：“为什么一定要有口才呢？能言善辩的人以伶牙俐齿抵触别人，常常被人憎恶。我不知道冉雍是不是具备仁德了，但是你说他没有口才可惜，我倒觉得这没什么可惜的，人生在世，何必要那么多的口才呢？没口才也挺好。”所以，对冉雍来说，当务之急，是提高德性，而不是锻炼口才。

孔老师几乎是对口才有了一种过敏反应。在孔子看来，嘴巴可能是人体中最有害道德而无益人生的器官。所以，在孔子看来，君子，也就是好人，都要管好自己的嘴巴。

1.14　子曰：“君子食无求饱，居无求安，敏于事而慎于言，就有道而正焉，可谓好学也已。”（《论语·学而》）

这句话里面有一句叫“敏于事而慎于言”，而“慎于言”是说话要谨慎一点。

4.24　子曰：“君子欲讷于言而敏于行。”（《论语·里仁》）

一个君子要怎么样？要话说得笨一点，事做得聪明一点。说话小声一点，做事扎实一点。做事在人前，说话在人后。这是孔子对我们的教导。

14.27　子曰：“君子耻其言而过其行。”（《论语·宪问》）

意思就是：“君子以说的比做的多为耻。”为什么言过其行可耻？因为，第一，说得到做不到，就成了说大话，说空话，光说不做，就是虚伪；第二，说过了做不到，那就是违背诺言。至少是不能兑现承诺，就是不诚信。

孔子还有一个学生，来自宋国，算是当时的国际生，叫司马牛，他复姓司马，有两个名字，一个名耕，一个名犁，你看又是耕田又是犁田，他的字，叫子牛。同学相称就称他为司马牛。

相传他是宋国大夫桓魋的弟弟。桓魋在宋国犯上作乱，司马牛为了得到庇护就跑到鲁国来拜孔子为师。

有一天，他问了孔子一个高尚的问题，他问老师什么是仁。

12.3　司马牛问仁，子曰：“仁者，其言也讱。”曰：“其言也讱，斯谓之仁已乎？”子曰：“为之难，言之得无讱乎？”（《论语·颜渊》）

司马牛问孔子，什么是仁。这问题是不是很高大上？但孔子的回答则是矮小低。孔子说：“你问什么是仁？我告诉你，很简单，你以后说话过个脑子，慢半拍。就是仁了。”

司马牛一听，眼睛瞪得老大：“老师，话语迟缓慢半拍，就能称作仁了吗？”孔子说：“凡事做起来都是困难的，说话能不迟缓一点，以便考虑周到吗？”

孔子这样回答司马牛如此恭谨地提出来的高大上的问题，是不是心不在焉？显然不是。你如果知道司马牛有什么毛病，就知道，孔子其实是对症下药。

司马牛有什么毛病呢？《史记·仲尼弟子列传》说他“多言而躁”，性情浮躁，而且话多。孔子不就是讨厌话多的人嘛！所以孔子让他说话慢一点，说话之前过一过脑子，慢半拍，是针对他的缺点，有的放矢、因材施教。

◎恶利口

我说孔子讨厌话多的人，也不是随便说的，是他老人家自己说的。

17.18 子曰：“恶紫之夺朱也，恶郑声之乱雅乐也，恶利口之覆邦家者。”（《论语·阳货》）

孔子说：“我就讨厌用紫色代替红色，用郑国的俗乐淆乱雅乐，讨厌那些巧言善辩倾覆国家的人。”

这段话我们可以把它称为孔子的“三讨厌”，其中一个讨厌，就是讨厌“利口”。“利口”就是说话非常厉害的人。

5.25 子曰：“巧言、令色、足恭，左丘明耻之，丘亦耻之。匿怨而友其人，左丘明耻之，丘亦耻之。”（《论语·公冶长》）

孔子说：“巧言令色，过分矫情地恭敬，左丘明以之为耻，我孔丘也以之为耻。隐藏起对别人的怨恨，假装与他人友善，左丘明以之为耻，我孔丘也以之为耻。”

这段话可以称之为孔子的“三为耻”之一，“巧言令色”。

我们再来看看孔子是如何严肃地告诫他的学生的：

16.6　子曰："侍于君子有三愆：言未及之而言，谓之躁；言及之而不言，谓之隐；未见颜色而言，谓之瞽。"（《论语·季氏》）

孔子说："侍奉君子坐着和他交谈时，有三种过失要注意避免：还未轮到你说话就抢先说话，叫作躁；轮到你说话，该说话时不说，叫作隐。什么叫隐呢？隐，就是不光明正大、不坦荡。说话的时候，不看别人的脸色，喋喋不休，叫作瞽。"什么叫瞽呢？就是瞎子，不长眼，这种过失孔子骂得最厉害了。

这段话可以称之为孔子的"三过失"。孔子其实是要求我们：说话要看场合，要看人脸色，要坦诚，这是孔子在教育我们要有教养，要有眼色，要有对他人的尊重和体谅。

6.18　子曰："质胜文则野，文胜质则史。文质彬彬，然后君子。"（《论语·雍也》）

孔子说："一个人内在的品质如果胜过外在的文采，就会显得过分朴拙；但是如果外在的文采胜过内在的品质，就会显得虚伪。所以，做人，要文采与品质配合恰当，然后才能成为文质彬彬的君子。"

这一讲，讲到最后，我们讲到了一个关键词——文质彬彬，这是做人的最好、最高的境界！给大家留一个问题：你觉得你身边有人能称得上文质彬彬吗？

第十六讲 口舌变五国

大家好，我是鲍鹏山，我们一起接着读《论语》。

上一讲，我们讲了孔子如何严厉对待宰予同学。在所有的学生里，大概孔子最不喜欢的，就是这个宰予了。而究其原因，可能主要是宰予“利口辩辞”，巧舌如簧。孔子喜欢老实人，而老实人最大的特点是什么呢？就是有一点笨嘴笨舌。所以孔子就反过来想：那些巧舌如簧的人可能就不大老实。

◎ 先做再说

我们看看孔老师下面的这句话：

13.27　子曰：“刚，毅，木，讷，近仁。”（《论语·子路》）

孔子说：“刚强、果决、质朴、口讷，是接近于仁的品德。”木讷，口才不好，不但不是缺点，恰恰是优点，而且是近乎于仁德的大优点！

你仔细想想，孔子的这个观点难道不对吗？刚毅之人，不易屈服于外在的压力，也能克制自己的欲望，所以近仁。木讷之人，质朴而心思稳定，较少见异思迁、朝秦暮楚，所以也近仁。孔子说得有道理！既然笨嘴笨舌是优点，那伶牙俐齿当然是缺点了。

孔子不喜欢“利口辩辞”的宰予，那么，对“利口巧辞”的子贡，是什么态度呢？

我告诉你，孔子对子贡是反复告诫，他真的是怕子贡也像宰予那样废了。如果子贡也像宰予那样，孔子学堂的言语科，就要关门大吉了。

2.13　子贡问君子，子曰：“先行其言而后从之。”（《论语·为政》）

子贡是聪明绝顶之人，反应极快。但是，反应快的人往往语言快，话常常说在别人前面，甚至说在自己行动前面。别人没说，他说了；自己没做，先说了，所以孔子提醒他，先做，再说！

我们生活中，确实很多人说话不过脑子。对这种人，我们就要提醒他一句，记住孔子的话吧！先想一想，再说！但是，有些时候，很多事，还真是没法做，只有说。

◎ 口舌变五国

我来讲一个故事。《史记》里有子贡成功的外交案例。有一些夸张，不过司马迁也表现出了子贡的外交才华，以及他的那种纵横捭阖的风度。后来从春秋到了战国，战国时代的纵横家，一个一个非常厉害，巧舌如簧，战胜于朝廷。其实，这些战国时期的纵横家的老祖宗，就是春秋时期孔子的学生子贡。

《左传》和《史记》上记载的这一件关于子贡的成功的外交案例，是什么呢？

当时，有一个叫田常的齐国大夫，在齐国专权霸道，为了巩固自己的地位，转移国人对他的批评，就想发动战争，把国内矛盾引向国外。于是，他派兵攻打鲁国。鲁国弱小，齐国强大，鲁国要是和齐国在战场上较量，哪里有胜算？所以，鲁国当时真是危在旦夕。

孔子此时在卫国，他听到了这个消息，很担忧，对学生说："鲁国，是我父母安葬之地，是生养我的地方。现在有了危险，你们怎么没有一个人站出来去帮我拯救鲁国呢？"

子路一听，马上站出来说了："老师，我去。"孔子看了他一眼，摇摇头："你不行。"

另外的两个学生，子张、子石也站出来说："老师，我去。"孔子看看他们，还是摇摇头，他们也不行。

他在等一个人。只有这个人才能救鲁国。子贡明白了老师在等谁。于是他站出来说："老师，我去。"孔子点点头。

你看看，为什么孔子不让子路去，也不要子张、子石去呢？孔子明白，此刻需要的不是会打仗的人，不是武功好的人，而是口才好的人。

子贡没有去鲁国，他去了齐国，见到了田常。他对田常说：“你要攻打鲁国，我告诉你，鲁国很难攻打。鲁国的城墙单薄低矮，鲁国的国土又小又窄，鲁国的国君愚昧不仁，鲁国的大夫胆小怕事，鲁国的百姓厌战、怕战。因此，攻打鲁国很难。我劝你攻打吴国。吴国好打。为什么呢？吴国的城墙高大坚固，吴国的国土又广又深，吴国的军队装备精良，吴国的大夫英勇善战。所以，吴国好打。”

这番话讲完以后，田常像看怪物一样看着子贡，看了半天，最后愤怒地咆哮：“你是傻子还是你把我当傻子?！你说这话是什么意思?”

子贡说：“息怒。那要看你为什么打仗了。”田常问：“什么意思?”

子贡说：“为国家打仗，当然打鲁国，鲁国好打。但是为自己打仗的话，就要打吴国。而你打仗的目的不是齐国的强大，你打仗的目的是要自己强大。打鲁国，齐国很容易取胜，但是，齐国取胜了，强大了，你有什么好处？打吴国，齐国很难取胜，双方胶着，战争旷日持久，消耗国力，但是国家乱了，正好显示出你的不可或缺，你的地位就巩固了，还可以乱中取胜，浑水摸鱼。”

田常一听，这下子真对子贡佩服得不得了。但是他说：“我现在已经把军队调到鲁国边境，突然掉头打吴国，会招人怀疑的。”

子贡微微一笑，说：“小意思。我去趟吴国，让他主动来打你，不就得了。”

于是子贡到了吴国。吴王夫差正在做着强国梦，想称霸。子贡说：“真正的王者、想称霸的人，不会让自己的小兄弟属国被灭掉，真正的霸者也不会容忍对手的存在。现在齐国要攻打鲁国，要让鲁国听他的，不听你的，你能容忍吗?”吴王说:“当然不能容忍。可是，我现在有顾虑，我南边还有越国，如果我跑到北方打仗了，越国在我的后面捅刀子，怎么办?待我先灭了越国再说。”子贡说:“齐国灭鲁，比你灭越容易得多。等你灭越以后再北上救鲁攻打齐国，鲁国早就被齐国灭了，齐国早就更加强大了。你要是真的不放心越国，小意思，我去一趟越国，不就得了。”

于是子贡到了越国。越王勾践被吴王夫差逼迫得憋屈地生活了好多年，整天卧薪尝胆，过的那个苦日子啊。现在，北方大圣孔子的大门徒突然从天而降，越王勾践感动得眼泪鼻涕一起流:“子贡先生，我们是南方不开化的地方，怎么您这样的大德之人，不辞劳苦、不嫌低贱地到我这来了呢?”子贡说:“你有危险，我来救你。我刚从吴王那里来，人家要灭你。你知道吗?”

勾践很紧张。子贡说:“别紧张，我不是来了吗?我来帮你。”越王勾践又紧张又感动，看着子贡，等着子贡指点迷津。

子贡说:“您向吴王主动提出协助他进攻齐国，这样既鼓励他矛头对北，又能解除他对你的怀疑。他进攻齐国，如果输了，您的机会不就来了吗?”可是勾践说:“可是如果他赢了呢?怎么办?”

子贡说:“没关系，如果他赢了，他会再北上进攻晋国。”

越王勾践还是不明白:“如果他进攻晋国再赢了呢?那我不麻烦更大了?”

子贡说:“没关系，你放心，我让他赢不了。你要不放心，小意思，我再去一趟晋国，不就得了。”

这次子贡没有先去晋国，他先回吴国，告诉吴王，越王会派军队协助他攻打齐国。这个时候越王也在子贡的指点下，派人来吴国，表示愿意执鞭随镫，跟随吴王去攻打齐国。吴王这个时候终于对越王勾践放心了，也下定了决心，挥师北上，进攻齐国。

子贡呢？驾车北上，赶紧去晋国。到晋国，子贡对晋国的国君说：“做好准备，吴国军队要来了。”于是晋国严阵以待。

果然，吴国大败齐国。齐国被打败了，齐国当然没有能力再去攻打鲁国，鲁国的危机解除了。

孔子交给子贡的任务子贡出色地完成了。但是，接下来这些国家的战争还没有结束，吴王果然移兵攻打晋国，晋国在子贡的提醒下有了准备，真的就把吴军打败了。

南方的越王勾践一看，机不可失，时不再来，报仇的时间到了，于是大举兴兵攻打吴国。

吴王的大军还在北方，一听南方的后院起火，赶紧从北方撤兵，回国救援，结果，三战不胜，首都失守，吴王被越王杀了，吴国灭亡，越王勾践称霸天下。

司马迁在把这一段故事写完之后，有一段总结性的话。司马迁总结道：“故子贡一出，存鲁，乱齐，破吴，强晋而霸越。”

什么意思呢？子贡从鲁国出发，结果保存了鲁国，搞乱了齐国，破灭了吴国，强大了晋国，而且使越国称霸了，可谓：“子贡一使，使势相破，十年之中，五国各有变。”

子贡的一次出使，让各国的形势互相勾连，最终，十年之中，五个国家都有了非常大的变化。

你看，子贡的语言厉害不厉害？但是当子贡回来向孔子复命的时候，孔子却把子贡骂了一顿："我只让你救鲁，后面的事都是不该干的！你看看你，动动嘴皮子，搞得几个国家人仰马翻，可见，人的一张嘴，多可怕！"孔子不但没有表扬子贡，反而把子贡骂了一顿。

孔子为什么骂子贡？我们来看看，子贡的这一次"穿梭外交"，除了挽救鲁国是正当的，其他的行为，是不是有搬弄是非、制造矛盾、挑起战争的意思？为了制止一场战争，却制造了更多的战争，为了挽救一个国家，却把更多的国家拖进战争，甚至扰乱了一个国家，灭了一个国家？是不是这样？

所以我们说，人生在世，成功不是最重要的，成仁才是最重要的。即使要成功，必须是合乎仁德的成功。而所成之功，最终也应该就是仁德。

从子贡的"穿梭外交"里，孔子看到了"利口覆邦家者"口舌的威力。孔子已经预见战国纵横家的三寸不烂之舌的危害了。他已经预先给了他们一个判决。

今天我们讲了关于子贡的外交故事。我们也说了，成功不是最重要的，成仁才是最重要的。大家是不是可以和你们的家人开一个小型的家庭会议，讨论一下这个问题。

第十七讲 曾子的逆袭

大家好，我是鲍鹏山，咱们一起接着读《论语》。

◎《土拨鼠之日》

今天，我想先给大家讲一部美国电影——《土拨鼠之日》，这部电影又被翻译为《偷天情缘》。电影的情节大致是：在美国传统的土拨鼠日（2 月 2 日），气象播报员菲尔要去小镇报道土拨鼠节的新闻。菲尔是一个功利而冷漠的人，对生活、对他人都没有热情，对别人的不幸也漠不关心。他觉得土拨鼠日庆典很无聊，当天庆典结束以后他就要离开时，却碰到一场大风雪，只好住在小镇的宾馆里等天晴再走。没想到，接下来一件神奇的事情发生了，这件事差点折磨死他：每次他早晨醒来，都回到了昨天。他的生活，从此以后，一直都是昨天的重复，每天都是相同的一天：永远都是2月2日，土拨鼠日！

而每天发生的事情，就像是循环播放的录像带一样，永远都会出现相同的人，发生同样的事情：每天起床都有同样的电台广播，出门都有个人和他搭讪，老太太会和他聊天并询问他早餐和天气，路上会遇见乞丐和卖保险的老同学。

他停留在这一天，始终无法再前进一步，他的人生开始日复一日地重复。

一开始，他找到了这种生活的好处：因为既然第二天总是回到原点，那么，今天无论做什么都不用负责，不用担心。比如说大吃大喝不用担心发胖，甚至犯一次罪关在牢房里，但是第二天醒来的时候也还是在宾馆的床上。

但很快他就极其厌倦这样日复一日的生活。而且，在没有明天，从而可以为所欲为的情况下，他发现有一件事是他做不到的：那就是如何赢得他美丽的女同事丽塔的心，获得她的爱。无论他如何费尽心机，最终获得的都是丽塔的一记耳光。

他又开始对生活失去信心，并开始消极生活，甚至完全找不到活下去的意义。永远走不出今天，永远无法到达明天，会让人发疯。于是，他想自杀。他尝试各种自杀方式：触电、跳楼、撞车……但是，让他绝望的是，第二天，他还是在宾馆的床上醒来，听到同样的广播。

不仅明天无法到达，连死亡都无法到达！不仅得不到爱情，甚至不能死亡！

讲到这里，你是不是也感觉到了被困在今天，永远走不出去的那种绝望和烦躁？其实，我告诉你，菲尔之所以感到绝望，是因为他自己记得昨天的故事，知道今天其实就是昨天。而电影里面的其他人，比如他追求的女同事丽塔、和他聊天的老太太、街头的乞丐以及他碰到的卖保险的初中老同学、镇子上所有的人，是不是更加悲剧？因为他们每天都在重复昨天，却都懵懵懂懂完全不知道！

说到这里，我想说，这个世界上很多人，其实就如同这个镇子上的人，他们的生活，其实一直在重复，但是，他们不知道！很多人，一辈子，其实只是每天在重复昨天。百年三万六千日，对有些人来说，实际上就是把同一个日子重复三万六千次！他们的生活，不是不断叠加累积而成就高度，也不是不断下潜深挖而造就深度，还不是不断拓展边界而延展宽度，而是今天是昨天的重复，明天是今天的重复。无论是认知，还是实践，都永远在一个狭窄的平面上重复。

这叫认知终止，而认知终止是生命终止的一个隐蔽的形式，也是很普遍的形式。多少人，他对社会的认知，对历史的认知，对自己生命的认知，早早就定格了，僵化了，终止了。

认知终止，最后导致生活终止。看起来好像太阳每天升起，他也每天从梦中醒来，迎接新的一天，但是，他的这一天，与《土拨鼠之日》里的主人公菲尔的一天一样，和昨天毫无区别。我并不是说他和菲尔一样，每天都碰到相同的人，但是，他同菲尔一样，每天都用相同的面貌和态度面对碰到的人；我也不是说他今天做的事和昨天的毫无区别，而是他做事的方式和昨天毫无区别；我也不是说他今天碰到的世界和昨天毫无区别，而是，他面对世界的态度和昨天毫无区别；我还不是说他今天碰到的问题和昨天碰到的问题毫无区别，而是，他认识问题和处理问题的能力与昨天毫无区别。

一句话，他面对的世界可能不再是昨天的世界。但是，他自己，永远是昨天的自己。

这是可怕的时间终止吗？不，这是更加可怕的生命终止。这是可怕的时间的循环吗？不，这是更加可怕的生活的循环。

◎吾日三省吾身

为什么很多人陷入这种生活，成了这种无意义重复的生命？

你的一切问题，《论语》都有答案。我们来看看《论语》的1.4：

1.4　曾子曰："吾日三省吾身：为人谋而不忠乎？与朋友交而不信乎？传不习乎？"（《论语·学而》）

曾子说："我每天多次反省自己：替别人办事情有不尽心力的吗？同朋友交往，有不诚实的吗？老师传授的知识温习了吗？"

这个曾子同学，我们在前面已经讲到过多次。他姓曾，名参（shēn），字子舆，可是按照《论语》的规矩应该是"子舆曰"，但是这个地方，没有说"子舆曰"，而是直接说"曾子曰"，翻译过来，就是"曾老师说"，你会得出什么结论呢？

很简单，这一章是曾子的学生编的，不，我们前面也说过，我们今天看到的《论语》，最后的编订者就是曾子的学生。所以，凡是曾参出现的地方，都记为"曾子曰"。

我要先告诉大家一件有关曾参同学的秘密，那就是：他很笨，他死心眼。他的老师孔子，给他做过智力鉴定，这个鉴定是这么做的：

11.18　柴也愚，参也鲁，师也辟，由也喭。（《论语·先进》）

我翻译一下："高柴愚笨，曾参迟钝，子张偏激，仲由蛮横。"

读这一章感觉像不像孔子让这四个人站一排，然后孔子指着他们的鼻子一个一个就这样骂过来？可见，在孔子生前，曾参没有特别优异的表现，不仅不在"四科十哲"的名单里，还得到孔子"笨死了"这样一个资质鉴定。但是，这个迟钝、反应慢的曾参，后来却是儒门巨擘，能够站在老师的身边，配祀孔庙的四个人里，就有他。哪四个人呢？复圣颜回、宗圣曾参、述圣子思、亚圣孟轲。

想想当时曾参、高柴、子张与仲由四个人可怜巴巴地站在老师身边，被老师指着骂，何等自卑。再看看后来，也是他和另外的三个人，在庄严的孔庙里，分列孔子两旁，接受人们的膜拜，他又是何等自豪！

这四个挨骂的，有曾参；到了最后，这四个接受膜拜的，也有曾参。而且，这接受膜拜的四个人里，子思是曾参的学生，孟子是子思的门人的学生！也就是说，这两个人，都与曾参有关，没有曾参，就没有他们！

曾参太成功了，可是有一个问题，是什么让很笨的曾参最后实现逆袭的呢？

世间一切迷茫，其实都有答案。曾参逆袭的答案，就在他这三句话里，"吾日三省吾身"。省，就是反省，反思。人生没有反思，就没

有进步，没有改变，只有重复。

◎日日新

商朝第一代天子，成汤，做了一个洗澡盆。在洗澡盆上，他刻了这样的一段话："苟日新，日日新，又日新。"（《礼记·大学》）

什么意思？就是一个把自己洗干净的人，不会容忍自己再变脏，他会天天洗，日日洗，生命不息，自新不止！

这一句商汤刻在洗澡盆上的话，后来被曾参同学引用到他写的《大学》里。再后来，曾子这一派，出了一个无比伟大的孟子同学。孟子深知这一宗派的祖传秘诀。这秘诀，就是两个字：反思。所以，《孟子·告子上》中有："心之官则思，思则得之，不思则不得也。"

人的那一颗心，不是吃干饭的，是思考问题的。思考，就有所得，不思考，就颗粒无收。"不思则不得"，得什么？得自家的善性！得什么？得一个更加美好的自己！得一个更加崭新的明天！

我告诉大家电影《土拨鼠之日》的结局：在经历了许多的绝望，挨了好多耳光以后，菲尔决定换一种方式生活：既然无法逃避这一切，不如好好地过这一天吧。于是他开始改变自己，改善自己的人际关系，学着观察身边的人和事，开始助人为乐、关心别人的感受。

他开始好好地和宾馆老板娘聊天，开始给乞丐捐钱，也不再躲开做保险生意的初中同学。他还救下了被食物噎住的老爷爷，帮助老年姐妹花换轮胎，还一次次试图拯救夜里去世的乞丐。

无休止的轮回意味着漫长的时间，菲尔利用这段绝对充足的时间，学会了弹钢琴、学会了冰雕，还学会了做医生等，并利用这些技能帮助小镇上的居民。在经历了无数的2月2日后，他发现他的生活已完全不一样，他变成了一个广受欢迎的好人。最后，一个更大的改变出现了：丽塔终于接受了他，他们一起共度良宵……

第二天的铃声再次响起，但不一样的是，睁开眼睛的菲尔看到丽塔陪伴在他身旁，而时间也变成了2月3日。菲尔喜极而泣，说："今天是什么？今天就是明天啊。"他终于走出了今天。他终于走到了明天。

你只有试着改变自己，才能改变世界。你只有突破自己，才能突破无休无止循环的时间。你只有走出自己的舒适圈，才能走出令人厌烦的世界，从今天走到明天。

如何才能改变，怎样才能突破，如何才能走出今天？答案是：不仅活着，而且还要每天反思，每天"三省吾身"！

第十八讲 笨小孩对自己特别狠

大家好，我是鲍鹏山，咱们一起接着读《论语》。

上一讲，我们讲了 1.4，1.4 的关键词就是“省”，是反省的意思。

有一个宋元之际的大学者，他的名字叫“胡三省”。千万不要读成胡三省（shěng），只要读过《论语》，就知道应该读成“胡三省（xǐng）”，为什么呢？因为读过《论语》就会知道他的名字是从哪里来的。

◎ 笨鸟先飞

说到曾子，我想多说他一点。这不仅是因为《论语》的编纂，他这一派门徒功劳最大，还因为他是一个极有个性的人。

我们上一讲讲到，他并不聪明，算是笨小孩，但他偏偏后来成就最大。他起步也晚，本来就比孔子小 40 岁，在孔子门徒里，算是小师弟，再加上有一点笨，一根筋，死心眼，所以，孔子生前，还真没看好他，孔子自己圈定的“孔门十哲”的名单里，就没有他。也就是说，他是一只“小笨鸟”，而且没有先飞。“笨鸟”，而且没有先飞，你说他还有机会吗？我要告诉你：有。

我上一讲不是说过一句话吗？人生一切问题，《论语》都有答案。曾子就是一只起飞很晚的“笨鸟”。但是，他真的抵达目标了！靠什么呢？有人靠聪明，有人靠先行一步。那么，一只没有占得先机，又不够聪明的“笨鸟”，还有机会吗？有。什么机会呢？一直飞。

如果你没有聪明，又没有先机，那就得调动你生命中最后的力量，这力量，就是毅力。凭着你的毅力一直飞。你得比别人更能吃苦，比别人更能受煎熬，比别人更能坚持。这样，你才能最终脱颖而出。以艰苦求卓绝，这就是曾子！这就是曾子的人生。

曾子的学生孔伋（子思）后来说：“人一能之，己百之；人十能之，己千之。果能此道矣，虽愚必明，虽柔必强。”（《中庸》）子思为什么能说出这种话？受他老师的影响啊。

◎ 曾子的精神

曾子有着古拙倔强的个性，为了修炼自己，他对自己特别狠，甚至有时狠得不近人情。比如他为了履行孝道，竟然在他的父亲曾皙亮出大棒要打他时，他能挺立原地，一动不动，任由暴怒的父亲痛打，直至昏死。醒来后，他还去父亲房里慰劳父亲：“父亲为了教训儿子，拿那么重的棒子，劳动那么多下，一定很累了吧？”然后回到自己房间，想到父亲也许会担心他的身体，就故意又是弹琴，又是引吭高歌，让父亲听见，显示自己没事，免得父亲牵挂。

但是这事最后曾子得到的是什么呢？是孔子对他的一番斥责，他差点被孔子开除学籍。但孔子在斥责他的时候，一边愤怒曾子死心眼，一边可能对他的仁近于愚的天性暗暗称奇。其实，孔子明白：教会一个有原则的人适度地变通，不难，而一个有坚持的学生是难得的。曾参，就是这样一个有坚持的学生。

一个死心眼的人，不是死翘翘，就成为人中翘楚。

一个敢于一条道走到黑的人，往往他就一条道走到亮了。

曾子是个严厉的人。我们在前面讲过，《孟子·滕文公上》中记载，因为“有若似圣人”，以至于同学们在老师去世后，想把有子当作老师侍奉。但曾子挺身而出，不同意。

子夏等人就强迫曾子接受他们的主张，一定要尊有子为师，曾子作为一个小师弟，这个时候，非常坚定，正色拒绝：“不可！哪一条河可比江汉，哪一种光可比太阳，哪一个人可以登天？什么人能够和我们的老师孔子相比？”

你听曾子这口气，这才是曾子本来的气概，不屈不挠。道德上宁可求全责备，绝不委曲迁就。

> 他日，子夏、子张、子游以有若似圣人，欲以所事孔子事之，强曾子。曾子曰：“不可。江汉以濯之，秋阳以暴之，

皜皜乎不可尚已!”(《孟子·滕文公上》)

他对别人绝不姑息迁就，对自己更是如此。比如我们在上一讲里讲的“吾日三省吾身”(1.4)，就是他不断地在道德上自我反省，把自己当作一块糙石，如切如磋，如琢如磨。

我们再看看8.6：

8.6　曾子曰：“可以托六尺之孤，可以寄百里之命，临大节而不可夺也。君子人与？君子人也!”(《论语·泰伯》)

可以把年幼的孤儿托付给他，可以把国家的命运委托给他，面临安危存亡的紧要关头而志向不变，这是君子吗？这就是君子！这是君子这类人吗？是君子这类人！听听这口气，这是何等的自我强化？

我们再听听曾子说话的口气。

8.7　曾子曰：“士不可以不弘毅，任重而道远。仁以为己任，不亦重乎？死而后已，不亦远乎?”(《论语·泰伯》)

士不可以不心胸广阔、意志坚定，因为他们任重而道远！把“仁”挑在肩上，这不是负重而行吗？承此重任到死才放下，这不是路途遥远吗？仁以为己任，死而后已！这是何等的自我强加？

修炼美德毫不放松，改错纠偏绝不放过，面临困难绝不放弃，担当责任绝不放下，这是什么人呢？这是君子，这就是曾子的人格精神。

在战国时期，思想家庄子的文章里也写到曾子的那一种气概，庄子在《庄子·让王》里面写道：

曾子居住在卫国，用乱麻作为絮里的袍子已经破破烂烂，满脸浮肿，手和脚都磨出了厚厚的老茧。经常三天不生火做饭，十年不添制新衣。他穿戴的衣服怎么样呢？他正一正帽子帽带就会断掉，拉一拉衣襟臂肘就会外露，提一提鞋子鞋后跟就会裂开。

即使这样，他拖着散乱的发带高声吟咏《诗经》，声音洪亮充满天地，就像用金属和石料做成的乐器发出的声响。天子不能把他看作臣仆，诸侯没有资格跟他结交朋友。

最后，庄子对曾子发出了由衷的赞叹："养志者忘形，养形者忘利，致道者忘心！"

> 曾子居卫，缊袍无表，颜色肿哙，手足胼胝。三日不举火，十年不制衣，正冠而缨绝，捉衿而肘见，纳屦而踵决。曳縰而歌《商颂》，声满天地，若出金石。天子不得臣，诸侯不得友。

修养心志的人忘却形骸，调养形象的人忘却利禄，得道的人忘却心机！这是谁？谁能当得起这样的评价？是曾子！

后来孟子曾描绘过一种大丈夫的人格："富贵不能淫，贫贱不能移，威武不能屈。"孟子这么说的时候，心中出现的就是他这一派的祖师曾子的形象啊！

◎ 曾子易箦

我们再看看曾子平常对原则的坚持。

曾参孝顺他的父亲曾皙，每顿都必须给他的父亲曾皙备有酒肉。根据苏辙《古史·孔子弟子列传》，曾参孝养曾皙必有酒肉，因不忍远离父母而辞去官职。父亲去世以后，曾子在丧期里面“水浆不入口者七日”。

《孟子·公孙丑》记载，曾子的父亲爱吃一种叫羊枣的野生果子，父亲死后，曾参竟不再吃羊枣。

《庄子·寓言》记载，曾参第一次做官，官不大，俸禄微薄，但心里快乐，因为有双亲孝顺。第二次出来做官，官大了，虽有三千钟的丰厚俸禄，但父母不在了，他的心里很悲伤。

父母生前曾参放不下，父母死后他也放不下，那么什么时候才放下呢？直至他自己死亡方才释然。所以，我们前面第九课讲过：

8.3　曾子有疾，召门弟子曰：“启予足！启予手！《诗》云：‘战战兢兢，如临深渊，如履薄冰。’而今而后，吾知免夫！小子！”（《论语·泰伯》）

用一生的时间战战兢兢毫不懈怠，用一生的紧张来防止自己片刻的疏忽，这是什么精神？这就是曾子的精神！

其实，在曾子弥留之际，他还有一个惊人的行为。《礼记·檀弓上》：曾子病重，学生乐正子春和儿子曾元、孙子曾申在床前看护，一个小孩子坐在角落举着蜡烛。突然，那个孩子说：“哇，这样华丽而光滑的席子，是给大夫睡的吧？”乐正子春赶紧打断这个孩子的话：“闭嘴！”

为什么乐正子春要这个孩子闭嘴？因为这样的席子，按照周礼的规定，是大夫睡的，曾子此时不是大夫，睡这样的席子是违背礼的。曾子病糊涂了，不知道。如果让他知道了，一定会折腾换席子，而这对于病重的他，是很不好的。但曾子还是被惊醒了，长吁一口气：“嘘！”

那孩子又说：“华丽而光滑的席子，是给大夫睡的吧？”

这下曾子终于听清楚了，说：“是。这是季孙大夫赐给我的，我病重，还没能换下来呢。曾元，起来，把席子换下来。”曾元说：“爸爸您病很严重，不能翻腾，等到天亮，我们再换吧。”曾子很生气，责备儿子曾元：“你爱我还不如这个童子。”

接下来曾子讲了两句话，这两句话后来就成了名言了，这两句话是这么说的：“君子之爱人也以德，细人之爱人也以姑息。”

什么意思呢？就是君子爱人，是考虑如何成全他的美德；小人爱人，则是迁就对方，姑息对方。曾子接着说：“我有什么可求的？我能合乎礼而死就满足了。”

曾子寝疾，病。乐正子春坐于床下，曾元、曾申坐于足，童子隅坐而执烛。童子曰：“华而睆，大夫之箦与？”子春曰：“止！”曾子闻之，瞿然曰：“呼！”曰：“华而睆，大夫之箦与？”曾子曰：“然！斯季孙之赐也，我未之能易也。元，起易箦！”曾元曰：“夫子之病革矣！不可以变。幸而至于旦，请敬易之！”曾子曰：“尔之爱我也，不如彼。君子之爱人也以德，细人之爱人也以姑息。吾何求哉？吾得正而毙焉，斯已矣！”举扶而易之，反席未安而没。

大家只好一起扶起曾子换席子，席子换完，曾子还没重新躺好，就断气了。

你看，即使在弥留之际，也对自己绝不苟且。这样的人，是否让我们心中凛然生怕而又肃然生敬？

没有谁会随随便便成功，成功的人，都是这样的人：流汗、流泪，甚至是流血。成功的人，没有对自己懈怠的，没有对自己打折扣的，都是对自己特别狠的。曾子，就是对自己特别狠的。

第十九讲 三思与九思

大家好，我是鲍鹏山，我们一起来接着读《论语》。

上一讲，我讲到了曾子的一个特点：对自己特别狠，绝不给自己一点点懈怠的借口。

曾子每天坚持对自己的行为和灵魂进行毫不留情的拷问，这一点在后来就成了曾氏的家风。他的一个后人，七十世孙曾国藩，也是这样的人。读一读曾国藩的日记，大家就知道，曾国藩每天都在反思，而且是那种“坚决和自己过不去的反思”。当然，曾子师从孔子，曾氏的家风，还是来自孔氏。

而在中国，谁的家风不是受孔子影响呢？这是孔子创立的文化传统。比如，曾子的自我反思、自我强加、自我强化、自我强迫，实际上那是孔子的言传身教。

◎孔子多思

我们看看孔子自我修养的几个关键词。

第一个关键词，“克己”。

12.1　颜渊问仁，子曰：“克己复礼为仁。一日克己复礼，天下归仁焉。为仁由己，而由人乎哉?”（《论语·颜渊》）

颜渊问什么是仁。孔子说：“克制自己，一切都照礼的要求去做，这就是仁。一旦这样做了，天下的人就都赞许你是一个仁人了。实行仁德，完全在于自己，难道还在于别人吗?”

孔子这个地方就说到了这个关键词“克己”。什么叫“克己”?就是克服自己不良嗜好，克服自己好逸恶劳的惰性，克服自己不正当的欲望。人啊，如果放纵自己本性中的自然欲望，就不可能成人，只能成为禽兽了。

这是孔子自我修养的第一个关键词。

第二个关键词是什么呢?叫“自讼”，这个词出现在5.27。

子曰：“已矣乎！吾未见能见其过而内自讼者也。”（《论语·公冶长》）

孔子说：“我没有见过能够自己发现自己的错误，并且在内心进行自我批评的人。”

什么叫自讼呢?就是自己和自己过不去，自己找自己的麻烦，自己诉讼自己。当然，不是到法庭上自己诉讼自己，是在内心，自己找自己的过错，自己找自己的罪过。然后，自己给自己一个判决。

孔子自我修养的第三个关键词，叫“自省”，或者叫“内省”，这个关键词出现在4.17。

子曰："见贤思齐焉，见不贤而内自省也。"（《论语·里仁》）

这个意思是说，见到贤能的人，就要想着向他看齐，看到不贤能的人，就应该自我反省。反省什么呀？反省自己是否也有与他类似的毛病。

孔子还有第四个关键词。第四个关键词是"自反"，也就是自我反思的意思。

"自反"倒不是记载在《论语》里，而是记载在《孟子》里。《孟子·公孙丑上》有这么一段话：

> 昔者曾子谓子襄曰："子好勇乎？吾尝闻大勇于夫子矣：自反而不缩，虽褐宽博，吾不惴焉；自反而缩，虽千万人，吾往矣。"

曾子对他的学生子襄说："你喜欢勇敢吗？我曾经在老师孔子那里听到过有关真正的勇敢的道理，就是反省自己，如果觉得自己理亏，即使面对普通的百姓，能不感到害怕吗？但是如果觉得自己理直，即使面对千万人，我也勇往直前！"

所以，君子为什么不怕？因为君子行得正！因为君子反思自己，没有理亏，没有内疚！其实，人生每个环节都需要这样严格的自我反思。

曾参同学有"三省"，他的老师孔子有"三思"。这"三思"，我就把它算作孔子自我修养的第五个关键词吧。

"三思"是记载在《荀子》里的。《荀子·法行》上有这么一段话：

孔子曰："君子有三思，而不可不思也。少而不学，长无能也；老而不教，死无思也；有而不施，穷无与也。是故君子少思长则学；老思死则教；有思穷则施也。"

我把这段话翻译一下。孔子说，君子有三种事情不能不去思考。第一，小时候不好好学习，长大了没有一技之长；第二，年纪大了而不去教育下一代，死了连一个思念他的人都没有；第三，有了钱不去施舍给穷苦之人，等到自己穷途末路了，也就没有人来救济。

所以，君子小的时候想着将来，就要学习；老的时候想着有人纪念，就要去教育下一代人；有钱的时候想着自己也有贫穷的时候，就会去施舍。

实际上孔子不仅有"三思"，《论语》里还直接记载孔子有"九思"。这算是孔子修养的第六个关键词吧。

16.10　孔子曰："君子有九思：视思明，听思聪，色思温，貌思恭，言思忠，事思敬，疑思问，忿思难，见得思义。"（《论语·季氏》）

孔子说："君子有九个要用心考虑的问题：看，想着如何看得清楚；听，想着如何听得明白；脸色，想着如何温和；态度，想着如何庄重；说话，想着如何忠诚老实；做事，想着如何认真谨慎；有疑难，想着如何请教别人；如果发脾气，要想着会有什么后患；如果看到财利，想着自己是否该得。”

你看，曾子列出了每日反省的三个主要内容，而孔子，一口气给了九个，而且还是一种缺一不可的口气。

这九思，是君子对自己的感官、理智、情感、道德等等的特别的修炼。在不断的修炼中，提升自己感觉的敏锐、理智的深刻、情感的纯正和道德的高尚。

一部《论语》，有25个“思”字，除了有一处是人名，其余的全部是指思考、辨别和追思等意思。

“九思”，是对“思考”与人生关系的集中阐发。九思的关键并不是列出每天每时都要思考的内容，而是说，我们要一直保持思考的状态。所以，“九思”也可以理解为“久思”，即长久地思考。

有一些人，浑浑噩噩、懵懵懂懂，一辈子也没有活明白；而有一些人，一边生活，一边反思，一边做事，一边总结，他们总是在不断改进。人生如果没有思考，便懵懵懂懂。一个人若没有对自己的反思，他也就永远都不可能进步。

◎丘吾子的三个过失

我来讲一个故事。这个故事来自《孔子家语·致思》这一篇。故事讲到，孔子到齐国去，途中听到前面有哭声，哭得十分悲哀。孔子对驾车的学生说：“这哭声确实悲哀，但不像是家里有丧事的那种悲哀。”

孔子和弟子们乘车继续向前走，没走多远，就见到了有一个与常

人不同的人，怀里抱着镰刀，头上系着白色的带子，不停地在哭。孔子下车，追上去问道："你是什么人？"

那个人回答："我叫丘吾子。"孔子又问："你现在并不是在办丧事，为什么会哭得这样悲伤呢？"丘吾子哽咽地说道："我一生有三个过失，可惜到了晚年才意识到，但是已经追悔莫及了。"孔子便问："你这三个过失，可以说给我听听吗？希望你不要有所隐瞒。"

丘吾子悲痛地说："我年轻的时候喜欢学习，可等我到处寻师访友，周游各国回来的时候，我的父母已经死了，这是我的第一大过失；我曾经长期侍奉齐国君王，然而，这个君王却骄傲奢侈，丧失人心，侍奉这样的国君，我的节操也变坏了，这是我的第二大过失；我生平很重视友谊，可是到头来，过去的朋友离散的离散，死亡的死亡，再也见不着了，这是我的第三大过失。"说完了，丘吾子仰天长啸："树木想要静下来，而风却刮个不停；儿子想要奉养父母，父母却不在了。过去了永远不会再回来的，是时间；失去了再也不能够见到的，是父母！就让我从此离开这个人世吧！"说完，丘吾子便一下子投水自尽了。孔子望着丘吾子投水自尽，来不及施救，他只是很感叹地对弟子们说："小子们，你们要记住，丘吾子的人生足以让我们引以为戒啊！"

孔子适齐，中路闻哭者之声，其音甚哀。孔子谓其仆曰："此哭哀则哀矣，然非丧者之哀矣。"驱而前，少进，见有异人焉，拥镰带索，哭者不哀。孔子下车，追而问曰："子何人也？"对曰："吾丘吾子也。"曰："子今非丧之所，奚哭之悲也?”丘吾子曰:“吾有三失,晚而自觉,悔之何及。”曰:“三失可得闻乎?愿子告吾无隐也。”丘吾子曰:“吾少时好学,周遍天下,后还,丧吾亲,是一失也;长事齐君,君骄奢失士,臣节不遂,是二失也;吾平生厚交,而今皆离绝,是三失也。夫树欲静而风不停,子欲养而亲不待,往而不来者,年也,不可再见者,亲也。请从此辞,遂投水而死。”

孔子曰:“小子识之,斯足为戒矣!”自是弟子辞归养亲者十有三。

从此以后,孔子的学生离开孔子而回家奉养父母的达到了十三个之多。

这个丘吾子,在自己的一生里,总是随波逐流,跟着感觉走,没有及时反思,最后,就只剩下了悔恨。但是到了人生的最后,他毕竟有了反思,也正是因为有了反思,他被孔子和弟子们作为一面镜子,记录下来,永垂不朽。

他这一段话里,有两句话说得非常好,我们刚才是用白话讲的,现在再用文言文说一遍:

第一句是:“树欲静而风不止,子欲养而亲不待。”第二句话是:“往而不追者,年也;去而不可得见者,亲也。”

这两句话,很让人感慨。这是有反思的人才能说得出来的世道的真相,他说出了我们心中的伤痛!

今天我们讲了孔子自我修养的六个关键词，这六个关键词对我们都是有启发的。我们照着它去做，一定会有进步。

孔子的六个关键词里，最后一个是“九思”，我在这儿就给大家留一个讨论话题：对你本人而言，这“九思”里，哪一项是最重要的呢？和你的家人一起讨论一下吧，我们下一讲再见。

第二十讲 贵族风范

大家好，我是鲍鹏山，我们接着来讲《论语》。

◎ 亦师亦友

在上一讲里，我讲了孔老师和曾子同学对人生的积极反思。这一讲，我要讲一个特别的人。

这个人，生前做过孔子的老师，死后又被人看作是孔子的学生；按年龄他是孔子的长辈，可是他却与孔子做了忘年交。

这么奇怪的人，是谁呢？他叫蘧（qú）瑗（ yuàn），《论语》里的蘧伯玉，是春秋时期卫国的一个大夫。

蘧伯玉被历代尊奉为“君子典范”，在世时住居地河南省长垣县孟岗镇伯玉村，也自古被称为“君子乡”“君子里”。

为什么说蘧伯玉是孔子的老师？《史记·仲尼弟子列传》里有这样的一段记载：说孔子很恭敬、很认真地当作老师来对待的人，有以下这些人：东周的老子、卫国的蘧伯玉、齐国的晏平仲、楚国的老莱子、郑国的子产，还有鲁国的孟公绰。你看，蘧伯玉在孔子老师这个名单里面。

那为什么说蘧伯玉死后反而又成了孔子的学生？因为，他后来被奉祀于孔庙东庑第一位。孔庙的东庑就是奉祀孔子杰出弟子的地方。他不就成了孔子的学生了吗？

蘧伯玉比孔子大 30 多岁，孔子还是一个孤苦伶仃的小青年的时候，蘧伯玉就是一个名满天下的贤大夫了。据说，晋国的赵简子想要攻打卫国，他先派人去侦察情况。侦察的人回来报告说："不能攻打，现在卫国是蘧伯玉做国相，一定是攻打不得。"

在战乱不断的春秋，卫国得以稳立中原，在很长一段时间就是因为有一个蘧伯玉。

可是，为什么我又说蘧伯玉是孔子的朋友呢？

我先问一个问题：孔子 55 岁时生气离开鲁国，他去的第一个国家是哪一个国家？答案是卫国。

孔子周游列国 14 年，绝大多数时间待在一个国家，时长 10 年以上。这个国家是哪个呢？答案还是卫国。

那么，为什么孔子会选择卫国呢？两个原因。第一个原因是，卫国是鲁国的传统盟友。

在《论语》的 13.7 里面，有孔子的这一句话：

子曰："鲁卫之政，兄弟也。"（《论语·子路》）

鲁国、卫国的政治现状是一对难兄难弟。孔子为什么说它们是难兄难弟呢？两个原因。

第一个原因，鲁国的先祖是周公姬旦，卫国的始封君，是周公最好的、最亲密的弟弟康叔。所以，鲁卫两国，是兄弟之国，一直关系很亲密。

第二个原因，到了孔子那个时代，鲁国、卫国都已经很衰败了，一天不如一天地走下坡路，所以，孔子说他们是一对难兄难弟。

这是孔子到卫国去，并且待在卫国时间很长的第一个原因。

第二个原因是什么呢？是"卫多君子鲁多儒"。鲁国有很多的儒生，像孔子这样的，可是卫国有很多君子，就是有很多德行高尚的人，比如蘧伯玉、史鱼。儒生找谁做朋友呢？当然是找君子。

最后我再问一个问题：孔子去卫国，还带着一帮学生，又没有提前安排，他到卫国，住哪里呢？在孔子周游列国的 14 年里，他有 10 年的时间住在卫国，这 10 年里，其中两次都是住在蘧伯玉的家里面，前后达 9 年之久。

为什么孔子愿意住在蘧伯玉家？蘧伯玉又为什么愿意这么长时间让一个外人住在自己的家里，甚至允许孔子在他家里开门办学，设帐收徒呢？答案都是一个，因为蘧伯玉是一个君子。孔子想和君子住在一起，蘧伯玉这样的君子，也愿意接待孔子。所以孔子在他家就一住 9 年。

◎尸谏

我来讲一个故事。前面我们提到了卫国大夫史鱼，这个史鱼，就特别钦佩蘧伯玉的才能与人品，他多次向卫灵公举荐蘧伯玉，要卫灵公重用蘧伯玉。但是灵公不听，史鱼临死的时候采用了一个非常极端的方法来力荐蘧伯玉，这个极端的方法叫“尸谏”。

他告诉儿子：“我在朝不能够举荐蘧伯玉，那是我活不能正君，死无以成礼，我死后，你不必将我‘治丧正堂’。你可以把我的尸体放置在窗子的下面，等到国君来了，问起来，你就告诉他：我因为不能够举荐蘧伯玉，所以不能够完成丧礼。”史鱼的儿子就按照父亲的遗言去办，卫灵公前来吊唁，对此感到非常奇怪，史鱼的儿子就将父亲的话转告卫灵公，卫灵公听了以后很惭愧，说“是寡人之过也”。于是卫灵公就启用了蘧伯玉。

> 未有若史鱼死而尸谏，忠感其君者也，不可谓直乎！（《孔子家语·困誓》）
>
> 卫大夫史鱼病且死，谓其子曰：“我数言蘧伯玉之贤而不能进，弥子瑕不肖而不能退。为人臣生不能进贤而退不肖，死不当治丧正堂，殡我于室足矣。”卫君问其故，子以父言闻，君造然召蘧伯玉而贵之，而退弥子瑕，从殡于正堂，成礼而后去。生以身谏，死以尸谏，可谓直矣。（《韩诗外传》）

《论语》里面有这样一章，是孔子对这件事情的评价，以及对史鱼和蘧伯玉的赞美。这一章就是15.7：

子曰："直哉史鱼！邦有道如矢，邦无道如矢。君子哉蘧伯玉！邦有道，则仕；邦无道，则可卷而怀之。"（《论语·卫灵公》）

孔子说："正直啊，这个史鱼！国家有道，他的言行就像射出的箭头一样直；国家无道，他的行为也像箭头一样直。君子，蘧伯玉！国家有道的时候，他就出来做官；国家无道的时候，他收起自己的才智辞官隐居。"

那么蘧伯玉这样高尚的人格，是从哪里来的呢？答案是：自我反思和不断地磨砺自己。

《了凡四训》是一本讲个人修行的书，这本书里讲到了蘧伯玉。它说，蘧伯玉二十岁的时候，觉得之前的人生中的错误都已经改正了，可是到了二十一岁，他才知道还没有改完；到了二十二岁，回看二十一岁，好像做梦一样，年复一年，他都在不断地改正自己的错误。到了五十岁的时候，他就已经知道前面的四十九年实际上做错了很多事。

据相关的记载，蘧伯玉还留下了一句特别有名的话，这句话是"耻独为君子"。意思是说：一个人不能仅仅满足于独善其身，还要影响身边的人，让更多的人成为君子，如果不能够做到这一点，那是可耻的。

◎夜过宫门的是谁

关于蘧伯玉的故事，《二十四礼》中有这样一个记载。说有一天晚上，蘧伯玉乘马车经过国君的门口。按照当时的礼节，臣子乘车经过国君的宫门，应该敬礼示意以后再离开。但是到了晚上，宫门已经关闭了，又没有人看见，臣子不行礼也是可以的。但是蘧伯玉认为既然定了这个礼节，不管是什么时间，有没有人看见，自己都应该遵守。所以，他到了宫门以后，就停下车来恭恭敬敬地行礼，表达敬意，然后再上车继续前行。

那天卫灵公还没睡，他正在自己的宫里和夫人南子说话。他听见宫外有马车行驶的声音，知道马车从东往西走，到了宫门口还停了一会儿。卫灵公就问南子说："这是谁？怎么会在宫门口停下呢？"南子说："蘧伯玉，他乘车从东边往西边去了。"卫灵公觉得奇怪："你怎么知道是蘧伯玉呢？"

南子说："除了他，谁还会在半夜三更无人看见的时候，这么规规矩矩！蘧伯玉是有名的忠臣、贤人，他光明正大，表里如一，他不会在公开场合故意表现自己来博取名声。但是，他也不会在没有人知道的情况下做不该做的事。他最遵守礼节，就是没人看见，他也绝不会忽略自己应尽的礼数。刚才一定是他坐车经过宫门，下车行了礼，然后才离开的。"

可是卫灵公听了还是不怎么相信，就派人暗中去调查这件事，结果还真是这样。

你看，即使在无人看见，无人监督的地方，蘧伯玉也能够一如既往，恪守礼节规矩，毫不敷衍，他是一个多么严谨的人啊！

◎寡过

我们来看看《论语》中有关遽伯玉的这一章：

14.25 蘧伯玉使人于孔子。孔子与之坐而问焉，曰："夫子何为？"对曰："夫子欲寡其过而未能也。"使者出，子曰："使乎！使乎！"（《论语·宪问》）

这一章记载了这么一个故事。蘧伯玉派使者去看望孔子，孔子就给使者座位让他坐下来，然后就问道："蘧老先生最近在做些什么事呢？"这个使者回答说："我们家的老先生，他想减少自己的过错，可是还没能完成。"使者出门以后，孔子说："真是一个好使者啊！"

蘧伯玉每天在家做什么？每天在家做的事情就是想着怎么样减少自己的过错。做到了吗？没有。为什么呢？因为今天看昨天，还是有很多不足！

注意，说蘧伯玉老先生还没有做到减少自己过错的是他派来的使者。这里面，也有一份谦虚在。替主人在别人面前谦虚，这是一种礼节，也是一种修养。

好，今天我们讲了蘧伯玉的一生都在完善自己，弥补自己的不足。我们今天很多人都在讲贵族风范，什么叫贵族风范呢？贵族风范就是蘧伯玉这样的！

第二十一讲 子贡是个重器

大家好，我是鲍鹏山，我们一起来接着读《论语》。

在上一讲里，我们讲了《论语》中的一个真正的贵族，蘧伯玉老先生。据说孔子的学生子贡是他的外孙。

外公对自己“不依不饶”，每日进步，那么，这个外孙怎么样呢？

这个外孙还真的不简单。我们在第十六讲讲过他出手救鲁国的故事；他那时候可是中国的首富，可以说是“富可敌国”。甚至还有一个成语是来自他的，这个成语是：分庭抗礼。

分庭抗礼的意思是，子贡去各个诸侯国游说这些国君的时候，这些国君对于子贡是什么态度呢？是分庭抗礼，意思是宾主相见，分站在庭院的两边，相对行礼。

你要知道，一般的士大夫见国君，都是君主在上，士大夫在下，是有上下等级之礼的。那么什么叫“抗礼”呢？“抗”就是平等，“抗礼”就是没有等级的平等之礼。什么叫“分庭”呢？这个“庭”也不再是国君的朝廷了，而是把这个“庭”一分两半，我在一边你在一边，咱们宾主相见，平等相见。

可见，子贡当时很有钱。因为有钱，所以国君对他可是特别地礼遇呀。不过，子贡这样富贵的出身也让他闹出过笑话。

◎子贡的失言

我来给你讲一个故事。这个故事是庄子讲的。说的是，子贡有一个同学叫原宪，穷得连糟糠都吃不饱，隐居在简陋的小巷子里。但是原宪虽然这样，还能自得其乐，弹琴唱歌。子贡来拜见他，高头大马，一身华贵。

可是，原宪住的是贫民窟般，窄巷子过不去子贡的大马车，子贡只好下车步行，到原宪的家敲原宪的柴门。看见同学原宪这个样子就很惊讶，不小心就说了句错话：“先生是得了什么病吗？”

原宪一听就不高兴了。原宪回答：“无财谓之贫，学而不能行谓之病。今宪贫也，非病也。”意思是：“没有财富的人只不过是贫困而已，可是假如一个人学道不能践行，只是空谈一些道理，这才是病。我这是贫穷，不是病。”

原宪居鲁，环堵不室，茨以生草；蓬户不完，桑以为枢；而瓮牖二室，褐以为塞；上漏下湿，匡坐而弦。

子贡乘大马，中绀而表素，轩车不容巷，往见原宪。原宪华冠縰履，杖藜而应门。子贡曰："嘻！先生何病？"原宪应之曰："宪闻之，无财谓之贫，学而不能行谓之病。今宪贫也，非病也。"子贡逡巡而有愧色。

原宪笑曰："夫希世而行，比周而友，学以为人，教以为己，仁义之慝，舆马之饰，宪不忍为也。"（《庄子·让王》）

他也是在暗示，子贡讲了一大堆空道理："可是你真的像我这样在践行吗？我看你才有病呢！"

我们知道在《论语》的4.9章里，孔子说过这样的一段话：

子曰："士志于道，而耻恶衣恶食者，未足与议也。"（《论语·里仁》）

孔子的意思是，读书人，应该志于道。可是假如一个读书人一边志于道一边又以衣服不好、饭菜不好为耻为苦，那么这种人就不值得与他讨论了。

为什么呢？

一个人要探究真理，弘扬道义，必须要有一份执着，要受一番磨炼，才能有所得。在这过程里面，生活的艰苦必不可免。如果一个人，以贫穷、恶衣和恶食为耻，他就不可能坚持到底，也就不可能通达大道。

这种人，当然也就不值得与他说话了。

现在这个原宪破衣烂衫，那正是志于道而不耻于恶衣、恶食的表现。子贡被原宪一番抢白，本来就很难堪，大约还想起了老师以前的这番教导，于是就十分羞愧，一句话都说不出来。

据说，后来子贡终身都以这次失言为耻。

◎ 向颜回同学学习

其实，也用不着庄子隔两百年以后来嘲笑子贡，孔子就没有“放过”子贡。孔子门下，还有一个人，比原宪更贫寒，谁呢？颜回。孔子早就拿颜回来“压迫”子贡了。

在 11.19 里面，孔子说过这样的话：

子曰：“回也其庶乎？屡空。赐不受命，而货殖焉，亿则屡中。”（《论语·先进》）

我们揣摩一下孔子的口气：“颜回，是好学生，可是总是穷得没办法。端木赐，学习不怎么样，赚钱却总是蒙得准。”你说这去哪儿说理。

孔子这口气好像是对子贡很不屑。那么有钱的子贡，是如何看待穷苦的颜回呢？大概孔子也在想这件事。

在 5.9 章里就记载了孔子问了子贡一个他如何评价颜回的问题。

子谓子贡曰：“女与回也，孰愈?”对曰：“赐也何敢望回？回也闻一以知十，赐也闻一以知二。”子曰：“弗如也，吾与女，弗如也。”（《论语· 公冶长》）

孔子直接问子贡：“你与颜回相比，谁更强一些？”

我们都知道孔子最欣赏、最推崇颜回，他拿颜回来问子贡你跟他比谁强，这实际上不是比，这是故意伤害啊！

好在子贡脾气好，老师对他的长期打击，早已经练就了他的抗击打能力。子贡一听老师这么问，知道老师在逼着自己表态，于是，他自己也就毫不犹豫，马上表态："我怎么敢同颜回相比？颜回听到一件事，可以推演知道十件事；我听到您讲一件事，我只能推出两件事。"

孔子一听，挺满意的："是啊，你就是不如他。好在你还挺自知的。"

不过，说到这，孔子大概也觉得这样挤兑子贡有一点过分，于是又加了一句安慰的话："不仅你不如他，我和你都不如他。"

这个意思是什么呢？不是你不努力，也不是你不厉害，而是颜回太厉害了，连我都比不上，你也就想开一点吧。

◎子贡是个重器

有一天，孔子兴致很好，开始一一地评价站在自己身边的几个学生。说到公冶长，就说："公冶长很不错，你来做我的女婿吧。"① 说到南宫适，就说："南宫适你也很不错，来做我的侄女婿吧。"② 然后又说到了闵损，就说："闵损你这个人已经具备君子的修养了。"③

---

① 《论语·公冶长》：子谓公冶长："可妻也。累在缧绁之中，非其罪也。"以其子妻之。

② 同上。子谓南宫："邦有道，不废；邦无道，免于刑戮。"以其兄之子妻之。

③ 同上。子谓子贱："君子哉若人！鲁无君子者，斯焉取斯？"

这几个人都评价完了。子贡站在旁边，孔子就这样眼睛一一地扫过来，一一地评价过来，到了子贡的时候，闭上眼睛，不说话了。

子贡一下子十分紧张，赶紧自己主动问："老师啊，那我是一个什么样的人呢?"孔子有一点不屑，回答说："你嘛，就是一个器。"这就是《论语》的5.4章：

子贡问曰："赐也何如?"子曰："女，器也。"曰："何器也?"曰："瑚琏也。"（《论语·公冶长》）

我们知道"器"不是一个好听的词，因为孔子曾经讲过一句很有名的话，"君子不器"《论语·为政》。君子不是器，所以孔子说子贡是器，就是说你哪里算得上君子。刚说完闵损是君子，马上说子贡是器，这打击够狠的。

子贡很尴尬，就赶紧问老师："老师，我是什么样的器呢?"孔子回答："哦，还行，算个瑚琏吧。"

瑚琏是什么东西呢？它是贵族们在祭祀天地和祖先的时候，盛放祭品的礼器。在那个时代，国家的大事就两个，第一是祭祀，第二就是战争。瑚琏，也算是贵重之器了。大概孔子也突然觉得心软，觉得自己这样对子贡也太狠了，就给他一点安慰。

但是孔子的意思还是明白无误的。从"器"的境界来说，子贡当然是不错的，是贵器，是利器，可以以之工其事，立其功，可以做大生意，赚大钱了。但是，从"君子不器"的高境界来说，修养尚未成功，子贡仍须努力。

大家是不是觉得孔子对子贡太苛刻呢？其实，孔子是很担心子贡

自得于世俗的成功，而不知道淡泊明志，清贫自守，不知道颜回的境界才是最值得追求，也最难以企及的。

不过，子贡并不糊涂，他有足够的聪明，可以获得世俗的成功，也有足够的智慧，认识到圣贤的境界。

◎子贡被表扬了

子贡和曾参一样，也是一个对自己毫不苟且的人。关于做人的态度，他曾经这样请教孔子。这个请教在 1.15：

子贡曰："贫而无谄，富而无骄，何如？"子曰："可也。未若贫而乐道，富而好礼者也。"子贡曰："《诗》云：'如切如磋，如琢如磨。'其斯之谓与？"子曰："赐也！始可与言《诗》已矣，告诸往而知来者。"（《论语·学而》）

这一段对话是这样的。首先是子贡问孔子："贫穷而不阿谀奉承，富贵而不骄傲自大，怎么样？"孔子说："可以算是好的了。但是还比不上贫而乐道、富而好礼。"子贡一听，就受到启发了，子贡说："《诗经》上有这么两句诗，'就如同琢玉一样，先切料，再锉糙，再雕琢，再磨光'，说的就是这个意思吧？"孔子一听，觉得这个子贡悟性挺高，就表扬子贡说："端木赐呀！现在我可以和你谈谈《诗经》了。我告诉你一件事，你就能够做到举一反三了，明白你原先不知道的事了。"

你看看，做人看境界而人的境界有不同。"贫而无谄，富而无骄"，是对一个正直的人的起码要求。

子贡也很自得于自己做到了这一点。但是，孔子还是给他指出了一个更高的层次："贫而乐道，富而好礼。"

"无谄""无骄"，只是对不良人生的否定与拒绝；而"乐道""好礼"，则是对道德人生的追求与实践。无谄无骄，只是消极拒恶，而乐道好礼，那可是积极行善。

我们再来看子贡，孔子这么一说，子贡马上就联想到了《诗经》中的句子"如切如磋，如琢如磨"。人的道德修行就如同琢玉：先切开石头，再雕琢造型，再打磨抛光，一步一步地趋于晶莹剔透的造化之境。

所以，你从子贡和他老师的这番对话里，是不是看到，子贡也有同学曾参"三省吾身"的优点呢？

我们看，孔子的身边，都是那些不放过自己，努力提升自己，对自己特别狠的人！所以这些人才有进步。

今天我在前面讲到了，子贡面对孔子老师的批评，已经练就了一身抗击打的能力，而且善于反省。在下一讲，子贡又被孔子批评了。都说有钱人应该广济天下，多多布施，但孔子觉得子贡这样做还是不对的，这是为什么呢？我们下一节课再说。

第二十二讲 敬事

大家好，我是鲍鹏山，我们一起来接着读《论语》。

在上一讲，我讲了子贡这个人。他因为太富有，没少被孔子打击。但是，子贡毕竟是个聪明人，他最聪明的地方，就在于他能够对人的价值做出正当的判断。

在《孔子家语》里面曾经记载过，孔子有一次问子贡一个问题："智者若何？仁者若何？"子贡的回答是："智者知人，仁者爱人。"

知道衡量自己和他人，做到不用世俗的眼光判断人的境界，不以世俗的所谓成败论英雄，这是子贡最大的聪明。

◎ 论心不论迹

子贡确实是一个成功的商人，并且极具商业天赋，糊里糊涂地都能赚钱，赚得老师孔子都目瞪口呆。但是，子贡最可敬的地方恰恰在于他知道财富并不能够彰显一个人的价值，一个人的价值，要看他对这个世界有无关心。自己过得好不好，只是能力问题；能不能够关心天下人过得好不好，那才是境界问题。

我们来看一看 6. 30：

子贡曰："如有博施于民而能济众，何如？可谓仁乎？"子曰："何事于仁，必也圣乎！尧舜其犹病诸！夫仁者，己欲立而立人，己欲达而达人。能近取譬，可谓仁之方也已。"（《论语·雍也》）

有一天，子贡问老师孔子："如果有这么一个人他能够广泛地给人民以施舍，而且能够周济大众，这样是不是很好啊？是不是可以说是施行仁义呢？"

子贡能够说出这种话，表明他是想用自己的财富来行仁道。表明他不只关心自己，还关心别人，这是子贡的优点。但是孔子却觉得，你有这个心愿固然好，但是，你这个方法却不对，为什么呢？做不到啊。谁能够做到"博施于民而能济众"呢？所以孔子说："这哪里是行仁的事呢！这简直是有圣人之位的人才能做得到的啊。尧、舜也对你所说的这些感到为难吧。你是觉得你有钱就可以了吗？关键不是直接给人钱，而是让老百姓有过好自己生活的能力。你要推行仁德，那就要做到这样：自己想要建树的，就也要帮助别人建树；自己想要达成的，也要帮助别人去达成。所以，我还是劝你，别搞那么大，你的钱分给天下人，每个人能分到多少呢？没用的。有用的做法是什么呢？从身边的事务中去发现仁道，实行仁道，从你身边的人开始帮助，这才是实行仁的正当的方法。”

我们来看，子贡因为经商而家财万贯，所以他能说出“博施于民而济众”的话。但是，他即使家财万贯，也不可能周济天下。所以说，一个人要行仁，按照孔子的说法，不要好高骛远，要从身边的小事做起，从身边的人关心起，这是实行仁道的正当途径。

所以，实行仁道这件事，首先还不是能力的问题，而是心愿的问题。它与孝道一样，“论心不论迹”。把行仁之事说得大了，反而让人无从着手了。

◎临事而惧

我们讲到了政治，讲到了从具体的地方着手，不要好高骛远，而要踏踏实实，我们回过头来，再接着讲《论语》第一篇里的第五章：

1.5　子曰：“道千乘之国，敬事而信，节用而爱人，使民以时。”（《论语·学而》）

孔子说：“治理一个拥有一千辆兵车的国家，要慎重地处理政事，要诚实无欺，要节省财用，要爱惜百姓。怎么爱惜呢？很简单，只在农闲的时候征用他们。”

“道千乘之国”，那真是很大的事业，但是怎么做呢？“敬事而信，节用而爱人，使民以时”。“使民以时”，是何等具体的小建议。这才叫务实的政治，这才是务实的政治家。

孔子为什么那么强调农闲这一点呢？因为我们从周代以来，便是以农业为本，农业生产的特点是什么呢？是积累慢而损耗快，并且农期很长，一般一个收获周期要一年。所以，节约劳力，不违农时，政策合理，社会稳定，便成了以农业立国的中华民族的古老的政治信条。

当然，在这一章里，最重要的是另外两个字，那就是“敬事而信”中的“敬”和“信”。“敬”是自我的态度，是自我的内敛；“信”，是对外的态度，是外在的约束。有了“敬”，就会有谦和的气质；有了“信”，就会有责任意识。“信”这个字，我们下一讲再讲，这一讲，我先来讲一讲这个“敬”。为什么一个人要“敬事”？

我们一般理解，“敬”是对人的。没错，对人当然要敬。但是，千万别忘了，对事我们更要敬。因为，我们每天都在做事，对事不敬，事就乱了。事乱了，我们的人生也就乱了。

什么叫“事”呢？很简单，凡是你必须做的，都是事；比如说，你早晨起床，必须刷牙，这就是事。而凡是可以成为一件事的，都可敬，你都必须敬。比如说刷牙这样的事，你都得敬，都得认真地去做。“敬事”，才能成事，“敬事”，才能了事；“敬事”才能把一件事，做成一项事业。在这个世界上，但凡做出大事业的人，都是敬事的人。但凡那些一事无成的人，都是敷衍了事的人。

孔子很看重事。《论语》里说到的“事”，打开就有这么多：“丧事”“政事”“宗庙之事”“军旅之事”“官事”“公事”“鄙事”，还有一个“绘事”，画画也是事。

人生由什么组成呢？就是无穷无尽的事！

我们一辈子在做什么？做事！

所以，《论语》里所列的大多是“事君”“事父母”“事父兄”，还有什么“事上”“事公卿”“事鬼神”等等，一句话，人生在世，就是通过做事来服务他人。

后来，明朝有一个大思想家叫王阳明，王阳明说，人一辈子的修行要在“事”上面。就是在做事中修炼自己，“事”就是我们修行的道场，你没有“事”那就没有道场，就没有真正的修行了。

所以我们要“敬事”，而不是躲事，不是怕事，也不是敷衍了事，更不是多一事不如少一事。但凡用这种方式对待“事”的，他的人生也一定不能够成事的。

那么，什么叫“敬事”呢？用孔子的话来说，就是“临事而惧，好谋而成”《论语·述而》。也就是说，遇到事情你首先要谨慎对待，要有敬畏之心，然后善于谋划，再把事情做成。

所以孔子自己做事，是万分谨慎的，比如3.15这一章，就讲到了：

子入太庙，每事问。或曰：“孰谓鄹人之子知礼乎？入太庙，每事问。”子闻之，曰：“是礼也。”（《论语·八佾》）

说的是孔子进入了周公庙，每件事情都要发问。有人说：“谁说这个鄹人叔梁纥的儿子懂礼呢？到了周公庙，他每件事情都要问别人。”孔子听到这句话以后说：“在太庙里面主事祭祀，每件事都要先问明白，这种谨慎对待的态度，那也是礼所规定的！”

你看，一般浅薄的人认为，既然你“每事问”，就说明你不懂。可是孔子认为，履行礼仪之前“每事问”，再行确认，谨慎从事，万无一失，正是礼仪的重要环节，也以此表示对礼仪的慎重与尊重，这

是必需的做法。

讲到对事的敬，《论语》中到处都是，比如说：

13.19 樊迟问仁，子曰："居处恭，执事敬，与人忠。虽之夷狄，不可弃也。"（《论语·子路》）

你看，讲到了"执事敬"，也就是对事情要敬。再看：

15.38 子曰："事君，敬其事而后其食。"（《论语·卫灵公》）

意思是，侍奉君主，首先要"敬其事"，然后再考虑俸禄。

◎孔子三叹

前面我还说到了"临事而惧，好谋而成"，这是孔子对他的另外一个大弟子子路的教导。

子路这个人，他很能"敬事"，他很符合孔子要求的"临事而惧，好谋而成"。比如，他曾经去蒲县做过县长。当他被任命为县长的时候，他并不是大大咧咧就走马上任了，而是小心翼翼地来向孔子讨教，他说："那个地方有很多强悍的人，不好治理。"你看，这不是"临事而惧"吗？然后他请求孔子给他一些指点，就上任去了。

> 子路治蒲，请见于孔子曰："由愿受教于夫子。"子曰："蒲其如何？"对曰："邑多壮士，又难治也。"子曰："然。吾语尔，恭而敬，可以摄勇；宽而正，可以怀强；爱而恕，可以容困；温而断，可以抑奸。如此而加之，则正不难矣。"（《孔子家语·致思》）

他治理蒲邑，在蒲邑当了三年县长，孔子去考察他的成绩，一走进蒲邑的境内，孔子便称赞说：“好一个仲由啊，这个人做事敬慎而又恭谨，还讲信用。”走到了城中，孔子又称赞说：“好一个仲由啊，他做到了忠信而又宽厚了。”最后到了子路的官衙，孔子又称赞说：“好一个仲由啊，做到了明察而又有决断了。”

跟随孔子而来帮着孔子驾车的子贡就觉得奇怪，问夫子：“老师，您还没有看到子路的政策与成效，就三次称赞他做得好，他到底好在哪里啊?”

孔子说：“你看，我走到蒲邑境内，我看到耕地都整理好了，杂草都铲除了，田间的水道也都加深了，这是因为他恭谨敬慎而又讲信用，所以老百姓才会尽力去做。走到城里的时候，我看到城墙和屋宇都完好牢固，树木也长得很茂盛，这是因为他的政令忠信而又宽厚，所以老百姓才不苟且马虎。走到他的衙门，你看那个地方清静闲暇，下面办事的人都很服从命令，这是因为他明察一切，而又非常果断，所以他的政令没有扰民。你师兄做得这么好，我连续表扬他三次，其实我还没有说尽他的好呢!”

子路治蒲三年，孔子过之，入其境，曰：“善哉由也!恭敬以信矣。”入其邑，曰：“善哉由也!忠信而宽矣。”至廷，曰：“善哉由也!明察以断矣。”子贡执辔而问曰：“夫子未见由之政，而三称其善，其善可得闻乎?”孔子曰：“吾见其政矣。入其境，田畴尽易，草莱甚辟，沟洫深治，此其恭敬以信，故其民尽力也；入其邑，墙屋完固，树木甚茂，此其忠信以宽，故其民不偷也；至其庭，庭甚清闲，诸下用命，此其言明察以断，故其政不扰也。以此观之，虽三称其善，庸尽其美乎！”（《孔子家语·辩政》）

那么，子路为什么做得这么好？实际上就是两个字：“敬事”！

今天我讲了“敬”这个字，知道凡是必须做的，都是事；凡可以成为一件事的，都可敬，都必须敬。“敬事”才能够成事！

在下一讲，我就要说说这个“敬事而信”的“信”字了，大家都在说“言必信，行必果”，但是孔子好像并不这么认为。这是怎么回事呢？我们下一节课再说。

第二十三讲 信，但不“必信”

大家好，我是鲍鹏山，我们一起来接着读《论语》。

在上一讲，我们讲了 1.5 章：“子曰：‘道千乘之国，敬事而信，节用而爱人，使民以时。’”

我们在上一讲，主要讲了这一章里的一个词：“敬事”。我们讲到了，在这个世上，凡是我们遇到的，必须接手来做的，那都是事；而只要是事，我们都要用一颗恭敬谨慎的心来对待，这样才能够做到“临事而惧，好谋而成”。我们也讲了子路的例子，他做蒲县的县长，把那个地方治理得很好，其中一个原因，就是他敬事了。

◎ 诚信比吃饭更重要

注意，孔子夸子路的县长做得好，那是因为什么？八个字：恭敬以信，忠信以宽。这个地方不仅有敬，还有一个“信”字。

同样，在 1.5 章里面也有一个“敬事而信”，“信”，是我们做事、做人，顺畅通达的第二个关键词。有意思的是，对于“信”的重要性，孔子用驾驭马车来做过一个比喻，这就是 2.22：

子曰：“人而无信，不知其可也。大车无輗（ní），小车无軏（yuè），其何以行之哉？”（《论语·为政》）

孔子的意思是：“一个人不讲信誉，怎么可以呢？不讲信誉的人在世上行走就好像大车子没有安横木的輗，小车子没有安横木的軏，它靠什么走动呢？”

这里的“輗”和“軏”是指古代马车上的一种活动插销。我就不做太多的解释了。孔子用这个比喻是要说明，马车，行走在路上，必须要有輗和軏；人呢，行走在人间，必须要有诚和信。

在 1.7 章孔子的学生子夏也说过类似的话：

子夏曰：“贤贤易色；事父母能竭其力；事君能致其身；与朋友交，言而有信。虽曰未学，吾必谓之学矣。”（《论语·学而》）

在这一段话里，子夏说：“一个人，选择妻子看重贤德，而不看重色相；侍奉父母要竭尽所能；服事君上要能够敢于献出生命；与朋友交，言而有信。这种人，尽管他说自己没学习过，我也一定说他学习过了。”

子夏这个地方就说到了，“与朋友交，言而有信”，而且，子夏还说到了，一个人如果做到了“言而有信”，哪怕他并未拜师学习，也一定说他已经学好了。为什么呢？因为这是做人最大的学问，也是最重要的事。

孔子还说过这样的一句话：“人道政为大。”（《孔子家语·大婚解》）也就是说，人在这个世界上，最大的事情是什么呢？是政治。既然做人要诚信，治理国家，什么是最重要的呢？

很有意思，他的弟子，子贡也问过这个问题。我们跟着子贡一起来听一听孔子的回答：

12.7　子贡问政，子曰：“足食，足兵，民信之矣。”子贡曰：“必不得已而去，于斯三者何先？”曰：“去兵。”子贡曰：“必不得已而去，于斯二者何先？”曰：“去食。自古皆有死，民无信不立。”（《论语·颜渊》）

子贡问孔子：“老师，怎么样去治理国家呢，在国家的政治里面什么是最重要的呢？”孔子说：“重要的事情至少有三点。充足的粮食，充足的军备和人民对政府的信任。”子贡就说了：“如果在不得已的情况下一定要去掉一项，那在这三项中哪一项可以先去掉呢？”孔子说：“去掉军备。”子贡说：“那如果不得已还得要去掉一项，在剩下的两项中去掉哪一项呢？”孔子说：“去掉粮食。”

在这最后两者之间，如果不得已要去掉一项，孔子竟然说要去掉粮食。我相信子贡和我们想的都一样，一定会认为要去掉人民的信任。为什么呢？没有粮食怎么活下去？

但是孔子的回答是：“自古以来人都是要死的，如果没有人民的信任，你是立不住的！”

在孔子看来，对一个国家来说，甚至可以不需要军备，甚至都不需要粮食，但是都不能够没有人民对政府的信任。

那么照这么说来，"信"这个字，怎么强调都不过分了吗？还真不是。

◎盟誓也不能作数

我们来看一看《论语》里孔子和子贡同学的另外一次对话。在13.20里面，子贡问了孔子一个问题。

子贡问曰："何如斯可谓之士矣？"子曰："行己有耻，使于四方，不辱君命，可谓士矣。"曰："敢问其次？"曰："宗族称孝焉，乡党称弟焉。"曰："敢问其次？"曰："言必信，行必果。硁硁然小人哉，抑亦可以为次矣。"曰："今之从政者何如？"子曰："噫！斗筲之人，何足算也？"（《论语·子路》）

这一段话比较长，我们可以把它用白话再说一遍，子贡问了孔子一个问题："老师，一个人做到怎么样才能够算得上是士呢？"孔子说："对自己的行为能够保持羞耻之心；出使他国，能够不辜负君主委托的使命，这样的人，就可以称为士了。"子贡接着问："那么次一等的呢？"孔子说："次一等的，那就是在宗族里面人们称赞他孝顺父母；在同乡里面，乡下的人都称赞他敬爱兄长。这种人也可以叫作士了。"子贡说："老师我斗胆再问，再次一等的呢？"

孔子说："再次一等，就是这样的人了，这种人言必信，行必果，这一类糊涂而又固执的小人，也可以算作更次一等的士了。”最后，子贡又问道：“那么如今从政的人都算不上‘士’吗？”孔子很不屑地回答说：“咳！这些器量狭小的人，哪里能算得上士？”

你看，在这一段对话里面，最能够引起我们注意的是什么呢？是“言必信，行必果，硁硁然小人哉”。

“言必信，行必果”，这不是我们一直在表扬的行为吗？为什么孔子说“言必信”就是硁硁然的小人了呢？不仅是孔子，后来的孟子更是直接地说：“大人者，言不必信，行不必果，惟义所在。”

在孟子的口气里面，“言必信，行必果”竟然是小人，“言不必信，行不必果”，反倒是“大人”。这到底是怎么回事呢？

其实，孔子也好，孟子也好，他们不是反对诚信，也不是反对做事情要有结果；他们只是反对中间的那个“必”字。

这个“必”是什么意思呢？就是绝对化。许下诺言以后，不问是非曲直，一定守信；做事也不论好事坏事，结果好坏，既然做了，就一定要做到底。这样能行吗？

我们来说一个故事吧，这是孔子本人经历的一件事。孔子带着他的弟子们在周游列国，经过一个叫“蒲”的地方的时候，被当地人包围了。蒲人给出的条件是，“你们只要答应不去卫国，我们就放你们走”。孔子说：“好，这太简单了，我答应你们，不去卫国。”谁知，等蒲人把包围圈一撤，孔子把马车一赶，对弟子们说：“走，我们去卫国。”弟子们瞬间就傻眼了：“老师，您刚刚跟人家盟誓过，怎么能够说话不算数呢？”

孔子的回答是："要盟也，神不听。"这两句话翻译成白话就是："我刚才答应别人的，那是被逼迫的，被逼迫做出来的盟誓，神灵并不认同。做人，我们也不必要去遵守。"

> 过蒲，会公叔氏以蒲叛，蒲人止孔子。弟子有公良孺者，以私车五乘从孔子。其为人，长，贤，有勇力，谓曰："吾昔从夫子遇难于匡，今又遇难于此，命也已！吾与夫子再罹难，宁斗而死。"斗甚疾。蒲人惧，谓孔子曰："苟毋适卫，吾出子。"与之盟，出孔子东门。孔子遂适卫。子贡曰："盟可负邪？"孔子曰："要盟也，神不听。"（《史记·孔子世家》）

孔子的话如果换成今天的法律术语，那就是，违背对方意愿，强迫签订的合同，法律并不承认。

这个极端的例子可以说明，"言必信，行必果"肯定不对，因为"必信""必果"就意味着所有的承诺都必须兑现，包括被逼迫的承诺；而所有的行为都要做出结果，包括已经被我们发现是错误的行为。这是多么荒谬？

所以，某些很好的人生原则，比如"言而有信"，也不能够绝对化，一旦绝对化，就有可能陷自己于不仁不义之中。世界太复杂，情形也是多种多样、千变万化的，即使是在自主、自由的情形之下，你的言也可能有失，你的行也可能有错，你一旦发现自己的言行有失误和过错，难道还要硬着头皮"必信""必果"吗？

“言必信，行必果”，至少与另外一个非常有价值的人生原则有矛盾，这个原则是什么呢？那就是“知错就改”。为什么这么说呢？下一回再讲。

第二十四讲

世上再无好学之人

大家好，我是鲍鹏山，我们接着来讲《论语》。

上一讲我们讲到，人生在世，应该讲信用；一个政府，要对人民有信用；一个国家，要对世界有信用；一个人，要对他人和社会有信用。但是，我们后面又讲到，“言必信，行必果”，则是不知变通的硁硁然小人的做法，并不可取。为什么呢？因为，假如不论在什么情况下，说过的话都要兑现，做着的事，都要做下去，做出结果，那就有可能违背另外的一个原则：知错必改。

这个世界有多种价值观，它们都有各自的界限，从而可以并行并立。把一种价值观推到绝对，使其无限扩张或畅通无阻，那就必然会碰伤甚至践踏其他的价值观。

◎终于极限

这就要讲到《论语》第一篇的1.8了。

1.8　子曰：“君子不重则不威，学则不固。主忠信。无友不如己者。过则勿惮改。”（《论语·学而》）

这句话的意思是，孔子说：“君子，如果不庄重，那就没有威严；学到的东西也难以固守遵行。做事情应当以忠诚、信义两种品德为主。但是，不要主动或者不必为了忠信而长期和不如自己的人结交。有了错误也就不要怕改正，发现结交的人不合适了，那就可以不来往了嘛。”

先特别说明一下，“主忠信。无友不如己者。过则勿惮改。”这句话在后面9.25中几乎完全一样地重新出现过一次。

只是在这个地方“无友不如己者”的“无”是“有无”的“无”，而在9.25里面“毋友不如己者”，是“宁缺毋滥”的“毋”，但是这两个地方，意思是完全一样的。

那么“无友不如己者”是指什么呢？

第一，是指不主动结交境界不高的人。

第二，已经结交的，假如对方境界不高、趣味很低，也不必长期委屈自己，坚持和他保持关系，一切维持自然就行了。

这是对“主忠信”的补充，因为“主忠信”，这句话说出来以后，就有可能会让我们误解为我们必须为了坚守某种承诺而与不合适的人继续交往下去。

所以，孔子在讲了“主忠信”之后，马上就告诫了我们两点：第一，“无友不如己者”；第二，“过则勿惮改”。

所以，“主忠信”和后面的“无友不如己者。过则勿惮改”，是一个转折关系。翻译和理解的时候，应该加一个转折词“但是”。意思是，“主忠信”，但是，“无友不如己者”；“主忠信”，但是，“过则勿惮改”。

比如，一个人品德有问题，我们就应该和他保持适度的距离，不能因为他曾经是朋友、同学或者同事，就要对他忠信到底，和他亲密无间。也就是说，做人当然要忠信，但是，对于那些品德不好的、不求上进的人，似乎也不必对他忠信到底，该疏远还得疏远，甚至，该绝交也得绝交。同样，“过则勿惮改”意为对于我们曾经许下的承诺，决定要做的事，一旦事后我们发现它是错的，也要果断废止，不因为是自己曾经的承诺和初心，就犹豫不决。

那么这个“过则勿惮改”的“过”是什么意思呢？“过”就是过了头的真理。言而有信，是真理。“言必信”，那就是真理过了头。过了头，会怎么样？列宁曾经说过一句话：“只要再多走一小步，仿佛是向同一个方向迈的一小步，真理就会变成谬误。”还是中国的一句古话说得更好，也更好记，这句话是：“差之毫厘，谬以千里。”

◎过犹不及

你知道这句古话的来源吗？它同样与《论语》有关。在《论语》的11.16里，有一段子贡和老师孔子之间的对话。

子贡问：“师与商也孰贤？”子曰：“师也过，商也不及。”曰：“然则师愈与？”子曰：“过犹不及。”（《论语·先进》）

在孔门弟子里面，颛孙师（字子张），是一个才高意广的人，他做事常常很过分。卜子夏拘谨保守，做事情常常做不到位。有一天，子贡就问：“颛孙师和卜商谁好一些？”孔子就说：“颛孙师往往总是做事做过头了；卜商往往做事做得不到位。”子贡就说：“这么说来是不是颛孙师比较好一点呢？”孔子说：“做过头了和做不到位，是同样不好，没有什么高低区别。”

后来宋朝朱熹在给《论语》做集注的时候引用了一个叫尹氏的人的话，说：“夫过与不及，均也。差之毫厘，谬以千里。”

这句话的意思是，做过头了和做不到位是同样不好。哲学上讲“差之毫厘，谬以千里”这个问题，也有一个概念，叫“度”，用孔子的话说，叫“中庸”。不到这个“度”不好，超过了这个“度”，也会变质。

举个自然界的例子：水果熟了，才能吃，但是，熟过了头，就烂了，又不能吃了。举个社会界的例子：自信不足，叫自卑；自信过了，叫自大。自信很好，但是自卑和自大，一样不好。

什么叫过错？就是哪怕是好事，过了头就是错。

唐朝有一个诗人，叫韩愈，姓韩名愈，这个“愈”字，就来自《论语》里的这一章。

“愈”在这里是过头了的意思，过了头了，怎么办？退回来啊。所以韩愈，姓韩名愈，字“退之”。

南宋有一个词人名叫刘过。你看，名字里面就有一个“过”字。过了就是错了，怎么办？好办，改掉就是。所以，刘过，姓刘名过，字“改之”。

这个刘过的名和字，好啊。有过，改了，就不叫过了。谁说的？孔子说的，也是来自《论语》。我们看看15.30：

子曰：“过而不改，是谓过矣。”（《论语·卫灵公》）

孔子说：“有过错而不加以改正，过错便真的叫作过错了。”孔子这里，其实只有半句话，另外半句，是记载在一本叫《韩诗外传》的书里，里面是这么写的：“过而改之，是不过也。”

所以，“子曰：‘过而不改，是谓过矣。过而改之，是不过也。’”这样才是一句完整的话。错了马上就改了，就不是过错了。错了，如果不改，那才是真的过错。所以，孔子告诫我们说：“过则勿惮改！”

◎世上再无好学之人

孔子的学生里面，最善于言辞的是子贡同学，他讲君子改过，讲得好有诗意。

19.21 子贡曰：“君子之过也，如日月之食焉：过也，人皆见之；更也，人皆仰之。”（《论语·子张）》

子贡说：“君子的过错，就如同日蚀和月蚀：犯错误的时候，人人都能看得见；改正的时候，人人也都仰望着。”

君子光明磊落，即使犯错误，也不加掩饰，所以“人皆见之”。君子改正错误，也堂堂正正，不会扭扭捏捏、遮遮掩掩，所以，“人皆仰之”。人们看到日月之蚀，盼其复圆，人们对于君子的缺点与不足，亦如此心。这是君子为人所爱戴处，爱君子，就是爱其德。

而孔子的学生中，境界最高的是颜回同学。为什么颜回同学比别人的境界高呢？因为他“不贰过”！

这一章记在6.3里：

哀公问：“弟子孰为好学？”孔子对曰：“有颜回者好学，不迁怒，不贰过。不幸短命死矣，今也则亡，未闻好学者也。”（《论语·雍也》）

鲁哀公问孔子：“你的学生中谁是最爱好学习的呢？”孔子说：“有一个叫颜回的人，很好学，不迁怒，不贰过。可惜呢，不幸短命死了。现在就没有好学的人了，也没听到有好学的人了。”

在孔子看来，好学，就是改过。人的一生，就是改过的一生，就是不断地否定自己的过程。

我们再看看《论语·子罕》中孔子的这一句话：

9.4　子绝四：毋意，毋必，毋固，毋我。

孔子杜绝了四种缺点，从而他就做到了不会凭空想象，不会绝对肯定，不会固执拘泥，也不会自以为是。

孔子，他深知价值的边界，更深知人的局限。有局限的人，当然只能使用有边界的价值。有局限的人，也必须具有谨守边界的谦卑。

我们今天讲了，“过则勿惮改”。按照孔子的说法，过而能改，就没有过错了；过而不改，才是真的过错。这个真的很有道理，大家可以好好地体会一下。